Los comienzos

Claire Marin

Los comienzos

Una filosofía de las primeras veces

Traducción de Álex Gibert

EDITORIAL ANAGRAMA

BARCELONA

Título de la edición original:
Les débuts
© Éditions Autrement
París, 2023

Ilustración: © puhimec / iStock

Primera edición: enero 2026

Diseño de la colección: Compañía (lookatcia.com)

© De la traducción, Álex Gibert, 2026

© EDITORIAL ANAGRAMA, S. A. U., 2026
Pau Claris, 172
08037 Barcelona

ISBN: 978-84-339-4870-0
Depósito legal: B. 16751-2025

Printed in Spain

Especialidades Gráficas Editoriales, S. A., calle de Roís de Corella, 12
08205 Sabadell

*Para Mia,
por todos sus comienzos.*

El sol es nuevo todos los días.
(Ὁ ἥλιος νέος ἐφ᾽ ἡμέρῃ ἐστίν.)

HERÁCLITO

EL ARRANQUE: UN DESTELLO

De todas las historias que comienzan, es la tuya la que me interesa contar. Porque has transformado la mía como no lo había hecho nadie. Hay personas que nos marcan, que nos rasguñan o nos rozan sin llegar a desarbolarnos, pero tú has llegado como si nada, con esa existencia vacilante, apenas visible, y tu vida diminuta ha puesto la nuestra patas arriba. Eres la catástrofe dichosa. Y estos primeros albores de tu vida determinan lo que será la mía de ahora en adelante. Contigo ha llegado lo irreversible, con una fuerza que ningún acontecimiento había desplegado hasta la fecha.

Me cuesta situar el comienzo de tu vida. ¿En qué momento empezó? ¿En qué momento empezaste? ¿Estabas ya en la idea, hija mía, en el anhelo de tu existencia, o era algo aún demasiado incierto, demasiado vago para considerarlo un comienzo?

Podríamos ceñirnos al comienzo oficial: naciste un sábado de verano a las 13:47. Pero sería un comienzo espurio, un falso inicio de la historia, pues para entonces hacía ya tres semanas que tu existencia era casi tangible y, de hecho, se captaba varias veces al día mediante distintos sensores y se exploraba en ecografías. Podíamos palpar tus contornos, sabíamos en qué posición estabas y escuchábamos los latidos de tu corazón, amplificados por las máquinas. Parecía desmesurado, era el pulso de un corazón gigantesco el que retumbaba por los pasillos de la maternidad. Y la historia había comenzado antes, porque a esas alturas ya se hablaba mucho de ti en nuestras familias. Sin embargo, aún no habías nacido.

Tu nacimiento no es, pues, el comienzo de tu historia, que tal vez haya que situar en el abismo de tus primeras pulsaciones, mucho antes de tu primer vagido. Quizá el principio fuera ese destello, ese punto que parpadeaba en la pantalla del monitor, tu primera señal de vida, que interpretamos como un discurso y que nos dijo, aunque no hubiera ningún otro indicio que permitiera sospecharlo, que estabas ahí o, más bien, que había comenzado ya una vida que sería la tuya. Un punto que parpadeaba, un ser que iniciaba su andadura y nos traía una transformación radical. Aquel puntito desató una emoción nueva y violenta, como la primera pasión del amor. La fuerza de tu presencia, por imperceptible que fuera, y el terror a perderte, todo eso había dado ya comienzo.

Se dice a veces que las historias se escriben para saber cómo acaban. Tal vez se escriban también para descubrir cómo empiezan.

UN GOLPE DE SUERTE

Ruedan los dados. La partida aún no ha comenzado y dejamos que el azar decida qué jugador va primero. Tiramos los dados y algo se inicia, algo que puede extinguirse en un momento. Los comienzos tienen su carga de incertidumbre y de suspense: mientras los dados ruedan por la mesa, en cámara lenta, todo es posible. La intensidad de algunos comienzos radica en la impaciencia por lo que está a punto de comenzar. Cuando anuncian una nueva partida o un nuevo capítulo, los momentos inaugurales poseen una intensidad particular. Pero son tan breves y estamos tan concentrados en la siguiente jugada, en lo que está aún por llegar, que a veces se ocultan a nuestra conciencia, y luego no nos queda de ellos más que una brumosa nostalgia.

La ruleta gira y «¡no va más!». De pronto, todo

vuelve a estar en juego. Me someto a lo imprevisible, sucumbo a la emoción del cambio, a la promesa de un vuelco vital, a la posibilidad de ganarlo o perderlo todo. Algunos comienzos llevan el sello de una actitud ante la vida, de una voluntad de riesgo; responden tal vez a la necesidad de jugarnos el todo por el todo, de apostar por quienes somos. Nos sentimos así impelidos a reanudar la partida, a barajar las cartas y lanzarnos de nuevo al gran juego de la vida, en espera de lo imprevisible, de un flechazo, de un nuevo amanecer, de que el día claree o se desate la tormenta. Anhelamos la sorpresa, la emoción de lo inédito. Ansiamos el acontecimiento que suscitará en nosotros, por primera vez, o *como si* fuera la primera vez, un fervor, un estremecimiento. La impaciencia de los comienzos es esa ansia de novedad o renovación, es la esperanza de redescubrirse, de volver a sorprenderse.

Hay comienzos que se deciden y comienzos que se improvisan. Algunos se presentan en nuestra vida como un claro de sol y otros retumban en la distancia, como un trueno en un cielo sereno. Luego están los comienzos que se echan a perder por falta de valor, de confianza o de lucidez, y los que se aguardan en vano. ¿Cómo reconocer el amago de un comienzo y aprovechar la ocasión? Estando atentos al instante en que aflora lo nuevo, a ese momento preñado de posibilidades, listo para dispersarlas al viento. Si queremos pescar al vuelo esas ocasiones fugaces, esas partículas de lo posible, debemos adoptar el espíritu del cazador o el poeta, como sugiere el filósofo Vladimir Jankélévitch. Hay que ser intrépido para no desperdiciarlas: la rapidez de la mirada y el gesto son indispensables.

Puede que no nos percatemos nunca del comienzo, de esa «oscilación imperceptible de la primera iniciativa», añade Jankélévitch. Un murmullo interior presagia la decisión inminente, una chispa o un pálpito decide antes que nosotros, soterradamente, toma una decisión aún confusa que avanza ya hacia la claridad, donde muy pronto se atreverá a pronunciarse e hilvanarse a la realidad. Hay que permanecer atento a esas músicas interiores, a esos rumores secretos. A lo que aguarda y se impacienta en nuestro fuero interno, a lo que espera su momento, replegado aún en su caparazón, protegido por su corteza, en el umbral de la eflorescencia.

Pero esa revelación, por mínima que sea, constituye el principio de transformación del mundo entero. El comienzo es el impulso, el detonante: es la muesca que desplaza la rueda y nos presenta la realidad desde otro prisma. Y es también lo que me desprende, lo que me desaloja. Se puede hablar de un comienzo cuando el mundo parece transfigurado, cuando ya no lo miro del mismo modo. Lo habito con la sensación de que existe en él una nueva dimensión, como si acabara de descubrir un nuevo cuarto en mi propia casa; la intensidad es distinta, los sonidos ganan nitidez, la realidad se acendra.

El comienzo de una vida nos aporta nuevas impresiones. Desde que me cuento entre las madres, por ejemplo, las veo con otros ojos. Siento que formo parte de una comunidad secreta: conozco ahora sus fatigas, sus orgullos, su valentía y sus desvelos. Admiro a esas mujeres a las que durante tanto tiempo he mirado sin verlas, sin imaginar sus angustias o sus dichas. Hay tantos estratos de realidad, tantos pliegues del mundo que ignoramos y que se nos revelan con cada nuevo comienzo... Lo que empieza nos desvela sus entresijos. Cada comienzo añade su filtro a la realidad, arroja sobre ella una nueva luz que la expone en toda su crudeza o la envuelve en un aura dorada, que destaca sus rasgos sobresalientes o acentúa sus contrastes. Vuelve a dibujar eso que llamamos realidad, como si fuera unívoca, siempre idéntica a sí misma, cuando solo tenemos de ella una representación particular y efímera.

El comienzo reconfigura el mundo y altera también nuestra sensibilidad. Desde que naciste, hija mía, tengo la mía a flor de piel, como si hubiera cambiado de frecuencia, como si poseyera una delicadeza de otra índole. Esa nueva sensibilidad se ajusta a escalas desconocidas, a otras medidas del tiempo y el dolor, del cansancio y la alegría. Nos obliga a replegarnos, a inclinarnos para penetrar con calma en ese otro universo, un universo en miniatura donde todo es más frágil. Nos revela otros grados sensitivos, otras facetas de la realidad. Prudencia, cautela, lentitud. Andar de puntillas, adiestrarse en el sigilo, manejar al bebé como si fuera de oro, de mercurio, como si se nos pudiera escurrir entre los dedos. Habituarse a susurrar, a mecer, ejercitarse en la repetición infinita, en los gestos inútiles. Agacharse, ponerse a su altura. Aprender a humillarse, a rebajarse, para estar cara a cara, para aprehender la realidad a su altura, para ver y prever los obstáculos, las amenazas. Descubrir la realidad como nunca la habíamos visto, como siempre la habíamos pasado por alto.

Convertirse en padre o en madre es vivir en permanente alerta. Es un nuevo hábito, un nuevo interés por el mundo, que de pronto se torna precioso, minúsculo, delicado, poblado de texturas y señales sutiles o de llantos y berrinches tempestuosos. Toda una red de signos nuevos, de desconciertos inéditos ante mensajes incomprensibles. Al tomar conciencia de nuestra fuerza desproporcionada y del peligro que entraña, aprendemos a desconfiar de lo que somos y no sabíamos que éramos. Nos sentimos irritables, indefensos, en un mundo que ha perdido su familiaridad, cuyas cosas han mudado de significado. Los lugares que dejamos de frecuentar, los muebles que entrañan peligro, las noches en vela y esa vigilancia en sordina a todas horas. Las emociones nuevas ante lo diminuto, lo ridículo, emociones que pueden ser inmensas, exaltadas o trágicas, cada vez que asistimos a la primera vez. La primera sonrisa, la primera palabra, el primer beso del niño, sus caricias torpes, su primera broma. La primera vez que bailas, la primera vez que nos sueltas una perorata en una lengua que solo entiendes tú, la primera vez que te caes de la cama, tu primer día de colegio y todas las primeras veces que aún te quedan.

Vivir un comienzo es empezar de cero.

¿CÓMO COMENZAR?

El título tartamudea, revela ya cierto nerviosismo. ¿Qué comienzo escoger? ¿Qué clase de impulso permitirá desarrollar el gesto? Se habla a veces de la importancia del tono, de la cadencia, que se impone y saca la obra adelante. Es la magia del íncipit, que contiene en germen la totalidad del texto que preludia. En este sentido, el comienzo es también el fin: si puedo escribirlo es porque ha concluido ya el proceso de maduración de la obra. Bastará luego con desenrollar el ovillo. Ya quisiera yo. El comienzo es a veces tan laborioso, tan agónico, que parece no tener fin ni solución posible. Reescribo los primeros párrafos y me agoto en este comienzo eterno. Si Penélope deshacía su tejido voluntariamente, hay quien padece el síndrome de los comienzos eternos. ¿Por qué? Porque a veces todo se reduce a las primeras frases, a la primera impresión, al primer vistazo, a esos breves instantes en que algo se inicia o alguien asoma. Un gran comienzo, una promesa increíble que pone el mundo del revés. *La educación sentimental* se abre con una iluminación de este tipo: «Fue como una aparición». Pero las cosas también pueden empezar de la forma más banal, sin presagiar en absoluto la enorme disputa o la hermosa historia que seguirá. Por desgracia, no siempre sabe uno adónde le llevará ese «la cosa empezó así», como reza el célebre arranque de *Viaje al fin de la noche*.

También puede ocurrir que la continuación de la historia desmienta la decepción inicial. En otro célebre arranque, Aragon nos informa de que la cosa empezó mal: «La primera vez que Aurélien vio a Bérénice, la encontró francamente fea». Y luego, quién lo iba a decir... A veces nos sorprende el contraste que existe entre los primeros momentos de una vida, de una obra, de una relación... y sus futuros derroteros. El modo en que una acción da comienzo no define su ámbito definitivo. Un «buen comienzo» puede ser también una expresión irónica. Quizá tengamos excesiva tendencia a pensar que el comienzo marca el rumbo de los acontecimientos que de él derivan, como si a partir de él pudiera deducirse el resto de la historia. Y luego nos mostramos sorprendidos cuando todo da un giro a peor. «¡Con lo bien que había empezado!», exclamamos desolados, traicionando así la lógica de continuidad en la que queremos creer. Nada está escrito desde las primeras líneas: siempre cabe desmentir la historia y burlar al destino. Todo depende de lo que hagamos de nuestros comienzos.

Los comienzos pueden pifiarse. Igual que hay salidas en falso, hay comienzos en falso, impulsos abortados, iniciativas que no llevan a ninguna parte, entusiasmos que se desvanecen de inmediato. Hay comienzos que nuestras vidas echarán en falta. Pero también podemos recuperar un «mal comienzo» y volver a empezar.

Por otra parte, puede ser que no sepamos que estamos empezando. No siempre somos conscientes de que nos encontramos al principio de algo mientras lo vivimos. ¿Sabemos ya lo que se está tramando? De los comienzos no me queda a veces más que una vaga nostalgia. A los míos casi siempre llego tarde y solo me percato de ellos en retrospectiva. Se entiende, entonces, que aspiremos a captar los comienzos, empezando por los propios. ¿En qué momento empieza uno a ser quien es? Rastreamos las primeras manifestaciones de una voluntad definida, las primeras señales singulares emitidas por un sujeto. Buscamos los comienzos que le dan a una vida su inflexión decisiva.

El dominio de los comienzos es, de hecho, un

elemento fundamental de la creación literaria. La escritura nos permite fijar los comienzos que en la vida real se nos escapan. En un relato se puede mantener cautivo el tiempo, durante mil y una noches o veinticuatro horas en la vida de una mujer. La literatura despliega en torno a la cuestión de los comienzos todo un laboratorio de posibilidades. Una historia puede cambiar de rumbo según interpretemos su comienzo de un modo u otro. No es de extrañar, pues, que seamos tan dados a las relecturas imaginarias de nuestras propias vidas, que serían muy distintas si pudiéramos revivir algunos de sus comienzos.

Lo que nos atrae también, más que cualquier otra cosa tal vez, es la posibilidad de captarnos a nosotros mismos, de asistir a la propia eclosión en una reposición temporal posibilitada por el relato o por ciertas relaciones humanas: volver a vivir experiencias pasadas, reconstruirlas desde una nueva modalidad de la conciencia que no se vea paralizada por el acontecimiento, sino que disfrute de él. Nos gustaría revivir lo que nos absorbió por completo y se nos escapó, porque su intensidad nos pilló por sorpresa. Querríamos redescubrir las emociones particulares asociadas a la primera vez, volver a vivir acontecimientos que, en cierto modo, tuvieron lugar en nuestra ausencia. La cuestión de los comienzos aborda nuestra relación con el tiempo y responde a un deseo de totalidad de nuestra experiencia.

Esa nostalgia de los comienzos la sentimos desde una edad muy temprana. Pero los nuevos comienzos también nos suman en un estado febril: exacerban nuestra sensación de existir, nos hacen concebir esperanzas o nos abocan a la melancolía. Por eso nos apetece tanto recobrar esos tiempos inaugurales, volver a vivirlos de otra manera. Y por eso nos desespera la idea de que nuestra vida no nos depare ya más comienzos. La intensidad de esos comienzos nos permite comprender mejor nuestras expectativas, nuestra temporalidad psíquica y emocional. Mientras sigamos esperando nuevos comienzos no tendremos la edad que el tiempo imprime en nuestros cuerpos. Los comienzos que imaginamos aún son manifestaciones de una juventud irreductible; reflejan nuestra relación con lo posible, nuestro afán de hacerle un sitio a lo inesperado.

LA IMPACIENCIA DE LOS COMIENZOS

Hay diversas formas de interpretar esa impaciencia. Pensemos por ejemplo en el niño patoso, torpe, que querría saber ya montar en bicicleta, silbar, nadar, hacer la rueda o el pino. Se desanima, se enfada. A veces lo pasa bien pifiándola una y otra vez. El principiante se tambalea, cae, lo intenta, fracasa y vuelve a subirse al sillín o a la tabla de surf. Toca incansablemente la misma línea melódica, esos tres acordes idénticos, hasta tenerlos memorizados en los dedos. Repite ese gesto durante horas con la esperanza de lograrlo. El principiante se debate entre la frustración y la inquietud. Le exaspera la lentitud de su aprendizaje; querría acelerar el tiempo y muchas otras cosas que no es posible acelerar: crecer, adquirir e incorporar nuevas capacidades, dar forma a esa segunda naturaleza que será la suya.

¿Qué es lo que esperamos tan febrilmente al comenzar? El momento del dominio, cuando se imponga por fin la fuerza del hábito. Nos gustaría poseer ya la seguridad del gesto interiorizado, casi espontáneo. Llegar al punto en que, a fuerza de repetirlo, el gesto se integra tan profundamente en nuestro ser que podemos dejar de prestarle atención. Es un fenómeno paradójico, pues nos costó mucho aprender lo que ahora nos resulta tan natural. Y lo más curioso es que acabamos por olvidarnos de ese gesto, que tanta concentración requería al principio. Caminamos, hablamos y escribimos distraídamente. El objeto de aquel laborioso aprendizaje se ha convertido en un medio para otros fines. Apenas recordamos nuestros primeros esfuerzos por trazar las letras, por colocar las manos sobre el teclado o memorizar un paso de baile, movimientos que ahora llevamos a cabo de forma casi automática. Y, sin embargo, basta con entrar en contacto con nuestro lado «torpe» –escribir con la mano «mala», sin ir más lejos– para regresar a aquellos tediosos comienzos en que el uso instrumental del propio cuerpo estaba aún por conquistar. Un pequeño accidente y esa grata seguridad se viene abajo; unos años más y las palabras empiezan a rehuirnos, los pasos pierden su firmeza. La vida se nos empantana en un cuerpo de arenas movedizas, inestable y desobediente. Una vez adquirido un hábito, nos olvidamos de lo que nos costó aprenderlo y creemos, ingenuos de nosotros, que es algo definitivo. Olvidamos que tiene una historia, que tuvo también sus comienzos y, por reacios que seamos a imaginarlo, tendrá también su fin.

Pero volvamos a los comienzos, a la impaciencia por dominar de una vez ese gesto, ese ejercicio. Me encantaría poder hacerlos ya «con los ojos cerrados», sin vacilar, y aguardo el día en que mis límites –mis posibilidades corporales, mis capacidades intelectuales– acaben de definirse con nitidez. Es la impaciencia de una especie de consecución de uno mismo. Dejar atrás ese «más o menos» y llegar a una existencia ajustada a la perfección, con el ademán preciso y el pensamiento bien afilado, capaz de atravesar limpiamente la realidad y revelar sus articulaciones secretas.

También puede uno estar impaciente sin saber por qué. Así como nuestra angustia puede carecer de objeto –eso es lo que la distingue del miedo, según ciertos filósofos–, hay impaciencias que nos resultan inexplicables. A veces me siento impaciente sin saber exactamente qué es lo que espero. En medicina se llama «síndrome de las piernas inquietas» a esa especie de hormigueo que impele al paciente a moverlas sin parar. Tal vez haya cuerpos o espíritus impacientes que sientan la misma necesidad de moverse. Es una sensación confusa, que nos impide quedarnos quietos, que nos urge a movernos y nos anuncia que algo va a pasar. Y ese nerviosismo no responde solo a la expectativa, sino también a la necesidad de un cambio, una necesidad tan vaga como imperiosa. La impaciencia es la esperanza de una novedad por venir. Esa tensión interior nos embarga por entero y, pese a su indeterminación, nos mantiene alerta. Permanecemos al acecho, atentos a las señales, sin saber cuáles son. A menudo es la propia vida la que se encarga de definir el objeto de esa impaciencia. Nos lo vende, nos presenta a estupendos y deseables candidatos para el puesto: figuras de éxito, imágenes de felicidad. Y entonces creemos saber, nos convencemos de que ese es el trabajo al que aspiramos, ese es el hombre o el niño que queremos, ese es el viaje a México que habíamos soñado.

Pero, a un nivel más profundo, lo que satisface esa vaga impaciencia es lo que hay de radicalmente nuevo en esas experiencias o relaciones. Puede que un amante, un hijo más o el enésimo viaje a un destino exótico no nos traigan ya un verdadero cambio de aires. No satisfarán entonces esa ansia de novedad, esa impaciencia existencial. Lo que yo ansío es esa rara e intensa sensación de novedad radical que producen las emociones fuertes, las deflagraciones interiores. Lo que quiero no es una nueva historia de amor o un paisaje desconocido, sino un flechazo, un deslumbramiento. Anhelo la sorpresa, la dosis de imprevisto de los instantes «benditos», como los llama Jankélévitch en su libro *Quelque part dans l'inachevé*. Son esos momentos los que nos libran de caer en el automatismo:

> Así es la vida del hombre, a caballo entre el desvarío de las repeticiones que la desecan y esos instantes benditos que la impulsan a sacudidas y la reaniman fugazmente. [...] No se nos negará nunca esa oportunidad, esa dosis de imprevisto que trae consigo cada minuto.

La vida necesita su ración de imprevisto para no solidificarse, para no convertirse en mera materia. La sedimentación de nuestra vida se opera por efecto de la repetición. En la identidad monótona, sin variación, no somos más que la copia previsible de nosotros mismos. Por eso el imprevisto se nos presenta a un tiempo como fuerza y como necesidad: nos sacude, nos obliga a renovarnos. Tenemos que apelar a la inventiva que llevamos dentro para reaccionar y redefinirnos, para adaptarnos al acontecimiento y amoldarnos al cambio externo. Frente a lo inesperado se siente uno distinto, dotado de recursos insospechados, traspasado de deseos insaciables. El imprevisto, apunta Jankélévitch, es una «invitación a ir cada vez más lejos, más allá de nosotros mismos». Es incitación y excitación. Nos sirve de estímulo, impeliéndonos a superar nuestros límites o, más exactamente, nuestros límites habituales, que tal vez se encuentren muy por debajo de nuestras capacidades. Ir más allá de nosotros mismos, a instancias del imprevisto, es no renunciar a nuestro ser, no dejarse limitar por el contexto; es seguir definiéndose a partir del devenir y no de la fijeza y la identidad vacía, redundante. La fuerza de lo inesperado reaviva las dinámicas interiores. Es un soplo de aire fresco en una existencia aletargada.

¿Se trata de ir más allá de nosotros mismos o de ser más intensamente quienes somos? Lo que uno espera de los comienzos es el alborozo, el ritmo con el que lo atrapan y lo devuelven a su ser, procurándole una poderosa sensación de sí mismo. Las primeras veces que recordamos jalonan nuestro viaje interior; las emociones fuertes que trajeron consigo dejaron su huella en nosotros. Tanto es así que a veces se convierten en un motivo recurrente de nuestras relaciones afectivas. Los comienzos están llenos de un frenesí que esperamos sentir de nuevo. Nuestro anhelo de nuevos comienzos está profundamente asociado a la esperanza de que ocasionen ese regreso incandescente a uno mismo, esa presencia incrementada.

En su ensayo *La vida intensa*, el filósofo Tristan

Garcia se pregunta por esa «sensación indefinible que permite a un ser humano evaluar favorablemente la intensidad de su propia existencia». La sensación de existir está sujeta a variaciones, se puede tener con mayor o menor intensidad. Esa intensidad es la «medida íntima, el indicador interno de lo que sentimos por nosotros mismos». Pero ese «misterioso "grado de intensidad de sí y en sí" no puede reducirse a la excitación física». Es, según el filósofo, «la sensación de ser uno mismo en mayor o menor grado». La búsqueda de intensidad refleja esa voluntad de «maximizar nuestro ser». Andamos siempre a la caza de algo que nos produzca la viva sensación de un gran despertar, de una expansión o una dilatación de nuestro ser, por emplear la expresión de Spinoza. Esperamos ese «relámpago de nuestro ser, que nos permita rozar por un instante el más alto grado de existencia», afirma Tristan Garcia. ¿De dónde procede esa descarga interior, esa electrización del sujeto? Puede surgir de lo trivial, de lo anodino. Hay comienzos que prometen, con razón o sin ella, una exaltación de esta clase. ¿Será por el recuerdo que nos dejaron otras primeras veces magnéticas? El filósofo alude aquí a «la impresión epifánica de una descarga eléctrica». Abrazar los comienzos «nos expone de nuevo a la intensidad de la verdadera vida, nos saca del cenagal de la rutina en el que nos habíamos ido sumiendo sin darnos cuenta». De ahí que no dejemos de buscar la novedad y la variación que nos producen esa «sensación de estar viviendo de verdad».

LA BELLEZA DE LO EFÍMERO

El corazón deshecho en la cabeza.

FERNANDO PESSOA,
El libro del desasosiego

Por reconfortante que pueda resultar la repetición, ansiamos también la intensidad gozosa de las primeras emociones y las buscamos sin molestarnos necesariamente en saber adónde nos conducirán. A veces, lo único que cuenta es el comienzo. La excitación de una idea incipiente o un proyecto nuevo no siempre se refleja en su ejecución. Puede que para entonces no sintamos ya la efervescencia del inicio, la excitación del surgimiento. Habrá orgullo, sí, y satisfacción, pero no el mismo entusiasmo, no esa rapidez de la imaginación, esa dinámica en que las piezas se desplazan mentalmente para alinearse o ajustarse unas con otras, en que los elementos coinciden y las hipótesis encajan. Conservamos un vivo recuerdo de ese primer momento en que algo da un vuelco en nuestro interior, en que un destello surge en la oscuridad de nuestra búsqueda.

Ese comienzo nos fascina, como el alumbramiento de una criatura, como la eclosión de un ser vivo. Ante lo inédito se siente uno nuevo, refrescado por la novedad. Preferimos los comienzos a lo que se asienta y se embota con el tiempo. La interrupción, en este caso, no es tanto una renuncia como una forma de conservar esa potencia fantasmática. Si nos detenemos a veces a medias, al poco de empezar, no es por cobardía sino por lucidez. Hay actos que están sometidos a la lógica del instante, que están hechos para iniciarse, no para perdurar. Algunos encuentros solo pueden tener lugar en un espacio-tiempo determinado, en un interregno de países, lenguas y vidas. Los personajes de *Lost in Translation*, de Sofia Coppola, viven en esa suspensión del tiempo, en la emoción del simple roce, de la complicidad fugaz. A veces basta con un comienzo: la historia se estropearía si se estancara en la duración. Esos momentos se viven por sí mismos, fuera de la temporalidad acostumbrada, que se alarga y no deja de extenderse sobre el porvenir. Hay comienzos que no llevan a ninguna parte. Su belleza radica en ese frágil equilibrio. Detenerse en la virtualidad, en la mera aparición del sentimiento, a un paso de sucumbir a él. En el vértigo y el rechazo de lo que ese instante habría llegado a ser si se hubiera prolongado en el tiempo.

Esta experiencia revela el poder del comienzo, su esencia. A diferencia del principio, el comienzo es una experiencia vertical del tiempo. Es un corte que interrumpe el transcurso del tiempo, mientras que el principio fluye perezosamente a través de él. La poesía de los comienzos reside en la belleza de lo inconcluso, en la evanescencia de lo que apenas comienza a ser. Ya se trate de un boceto de Leonardo da Vinci, de esas líneas serpenteantes cuyo trazado se adivina, aunque no estén dibujadas del todo, o del impulso de un fragmento que continúa su andadura en la mente del lector, las obras inconclusas crean una dinámica: quien se apropia de ellas las prosigue, las prolonga a su manera. En este sentido, todo comienzo es un regalo que interpretamos de forma personal. Sugerir un comienzo es dar rienda suelta a la imaginación de cada cual. ¿Qué continuación les daremos a frases truncadas como «Nací» o «Si una noche de invierno un viajero»? El comienzo es una chispa. No sabemos qué materia será la que arda, a qué incendio sensorial o mental dará lugar. No siempre se puede medir la potencia de fuego de los comienzos.

Si cabe hablar de una poética de los comienzos, esta va ligada a la emoción que sentimos ante la revelación, ante el desvelamiento de lo que permanecía oculto. La fragilidad sobrecogedora del momento en que florece una potencia hasta entonces disimulada. La belleza de lo efímero, en el delicado equilibrio entre la ausencia y la manifestación, entre lo invisible y el esbozo de una posibilidad. El «esplendor caduco de la corola y los pétalos», como lo llama Jankélévitch en *Le Je-ne-sais-quoi*. La conmovedora inseguridad de los primeros pasos, de las primeras palabras, la indecisión de las primeras intenciones. Lo que pende aún de un hilo, lo que puede aún alzar el vuelo. Vislumbrar la eclosión de una amapola, la grieta en la cáscara, el primer piar. El comienzo es, entonces, la experiencia de la aparición, un atisbo de la fuerza vital hasta en sus más mínimas manifestaciones. De esa aparición, más que espectadores, somos testigos. Frente a esa fuerza creadora, ese *poieîn*, la propia conciencia se revela ingenua y naciente, tal como dice Fernando Pessoa en *El libro del desasosiego*:

> Era como un comienzo de ir a verse algo, pero en todas partes por igual, como si lo a revelar dudase en ser aparecido. ¿Y qué sentimiento había? La imposibilidad de tenerlo, el corazón deshecho en la cabeza, los sentimientos confundidos, un torpor de la existencia despierta, un apurar de algo anímico [...].

En ese frágil punto de equilibrio entre el no ser y el aparecer, en ese aflorar del ser a la superficie de la realidad, la propia conciencia oscila entre la agudeza y la anestesia de las percepciones, como si necesitara adquirir una percepción más sutil, una sensibilidad del instante o un sentido del nacimiento.

LA NOVEDAD DEL PRIMER MOMENTO

Eres alguien que, por principio, no
espera ya nada de nada.

ITALO CALVINO,
Si una noche de invierno un viajero

En *Si una noche de invierno un viajero*, Italo
Calvino nos propone «una novela compuesta de
comienzos de novela». Más que de un ejercicio
literario de inconclusión, podría tratarse de una vía
filosófica. ¿No es también nuestra vida, en cierto
modo, una historia compuesta de comienzos de
historias, reales o fantaseadas, que a menudo se
quedan a medias? La vida se compone de tentativas,
de pruebas. Podríamos hablar de fracasos, de renuncias, o pensarla en términos de experiencia.
Porque no siempre es preciso tirar del hilo hasta el
final para ver adónde nos lleva. Ciertas experiencias
son previsibles y es natural que uno prefiera aho-
rrárselas, tomar un desvío y tantear otro camino.
De los comienzos esperamos algo. Hasta el más
hastiado de los hombres, el que está de vuelta de
todo, sigue deseando en secreto dejarse llevar por

la curiosidad de lo nuevo. Es el caso del narrador de Calvino, «alguien que, por principio, no espera nada de nada». Desencantado, no deposita ya la menor ilusión en nadie ni en nada, salvo acaso en la literatura, único islote que resiste aún a su indiferencia.

Crees que es justo concederte aún este placer juvenil de la expectativa en un sector bien circunscrito como el de los libros.

De la vida ya no esperamos nada, pero de la ficción seguimos exigiendo que nos turbe, queremos dejarnos llevar y sorprender por algo que aún no hemos leído, visto u oído. La literatura es la reserva de lo inaudito que se extiende más allá de una realidad limitada y repetitiva.

Es un placer especial el que te proporciona el libro recién publicado, no es solo un libro lo que llevas contigo sino su novedad. [...] Tú esperas siempre tropezar con una novedad auténtica, que habiendo sido novedad una vez continúe siéndolo para siempre.

Esa es la novedad radical, la aparición imprevisible que espera el protagonista de Calvino. Pero hay que estar dispuesto a acogerla. Puede que sea preciso atraparla al vuelo, por el flequillo, como al dios Kairós. Calvino describe esta preparación mental en una deliciosa *mise en abyme*:

Estás a punto de empezar a leer la nueva novela de Italo Calvino *Si una noche de invierno un viajero*. Relájate. Concéntrate. Aleja de ti cualquier otra idea.

Un libro no se empieza a leer de cualquier manera. El ritual del comienzo comprime el mundo en torno a ese nuevo centro de gravedad para hacerlo más intenso, para estar más presente en él.

A través de ese atisbo inicial, de ese fragmento de novedad, tratamos de asir lo inasible: captar el instante, la parte inasible del tiempo.

Al haber leído el libro recién salido, te apropiarás de esta novedad desde el primer instante, sin tener después que perseguirla, acosarla.

Tras la promesa de la novedad se oculta la esperanza de coincidir con su aparición. No llegar demasiado tarde, como el viajero que ve alejarse su tren desde el andén sin haber podido subir. Demasiado tarde, cuando ya el pescado está vendido, porque el mundo no espera a nadie. Vivir el acontecimiento, por una vez, asistir a la génesis. Es la ilusión de coincidir con el comienzo, con la mani-festación de la presencia misma. Siempre estamos llegando a un bloque de realidad que nos precede, macizo y compacto. Por eso queremos asistir al nacimiento del personaje, a los esbozos de la futura intriga. Degustar el placer de lo incoativo, de lo que comienza ante nuestros ojos.

Pero quisiera que las cosas que leo no estuvieran todas ahí, macizas hasta poder tocarlas, sino que se sienta alrededor la presencia de alguna otra cosa que aún no se sabe qué es, la señal de no sé qué.

El placer de la novedad es el placer de lo inde-terminado, el placer de «hallarte ante algo que aún no sabes bien qué es», como dice Calvino. Lo in-cierto, lo indefinido: es lo que me atrapa, lo que me apresa y a la vez me deja sin ningún asidero. Lo que me extrae de la realidad tal como la conozco, tal como la aprehendo. Lo que trasciende, lo que va más allá.

No es casualidad, pues, que el título de la no-vela parezca incompleto y nos deje en suspenso: alude a la expectativa, a la fuerza del íncipit. Nos habla del peso de un comienzo: lo que queda en el aire despierta la curiosidad, da ganas de saber más. ¿Quién es ese viajero y qué le sucede? La mención del invierno proyecta sombras ominosas en torno al misterioso personaje. El título rebosa de hipótesis, de las más probables a las más extravagantes. Es un comienzo intrigante, que me atrapa, que me engancha. La máquina de imaginar arranca sola, casi a mi pesar.

En última instancia, lo que espero de la obra es que perturbe la trama temporal, que se traduzca en una «interrupción de la continuidad del tiempo». En general, solemos dejar que el tiempo siga indolentemente su curso ordinario. A cada acontecimiento le sucede sin esfuerzo el siguiente. Querríamos escapar a una realidad tan previsible. Del comienzo de una novela –y puede que de cualquier historia, ficticia o no– esperamos una verdadera sorpresa, un asombro auténtico. Algo que nos desaloje de ese «ya» en el que se empantana hasta la imaginación. Algo que desbarate la costumbre. Un nuevo mundo se esboza en ese imprevisto.

DESCOMPONER EL TIEMPO

Cuando era niña, mi madre me regaló un caleidoscopio, un objeto que encontré fascinante por partida doble, por su nombre y por el carácter ilimitado de su uso: la posibilidad infinita de crear nuevas figuras, de hacer aparecer otros motivos mediante un simple gesto de la mano. Puede que, en términos matemáticos, sus posibilidades no sean infinitas, pero el juego sugería esa infinitud, la riqueza inagotable de un mundo surgido de unos cuantos pedazos de vidrio coloreado. Con bien poca cosa, gracias a un sencillo juego de espejos, podía uno crear toda clase de vitrales paganos. La experiencia me tenía embelesada y no dejaba de sorprenderme. Al girar el eje de aquel mundo diminuto, cambiaba por completo. Era imposible predecir la forma siguiente, tenía que esperar a ver qué color afloraría; pensaba que si lo agitaba reaparecería el rojo, intentaba captar la lógica de aquellas abigarradas formas geométricas que se sucedían una tras otra, dando pie cada vez a una nueva sorpresa. La memoria humana parecía demasiado limitada para detectar las recurrencias y enseguida abandoné la idea. El placer estaba en la pura discontinuidad.

Más tarde, cuando leí a Bergson, volví a encontrarme con ese caleidoscopio, que aparece con frecuencia en su obra, ese objeto en el que se ven (*skopeō*) bellas formas (*kalós eîdos*). Bergson se sirve de él para criticar nuestra visión «caleidoscópica» de la realidad. Nuestra relación con la acción nos condena a imágenes rápidas, cambiantes, disociadas, es decir, a una comprensión errónea de las cosas. ¿Por qué? Porque la acción nos obliga en todo momento a reacomodarnos a los demás cuerpos, a componer con ellos una nueva figura, como los pedazos de vidrio en cada rotación del caleidoscopio. Solo que tomamos esa sucesión de configuraciones desvinculadas, esa yuxtaposición de situaciones inconexas, por una verdadera percepción. Al centrarnos en nuestro objetivo, la acción le pone un filtro a la realidad, nos pone anteojeras. Reducimos y simplificamos nuestra visión del mundo exterior en función de nuestras expectativas prácticas. Me he propuesto acabar de escribir este capítulo, con lo que mi percepción del día de hoy será una relectura sesgada por esa ambición y acabará descompuesta en momentos de escritura febril o de desánimo. Al yuxtaponerlos retrospectivamente, ensartándolos como las perlas de un collar, recompondré una continuidad de trampantojo. Como dice Bergson, «el mecanismo de nuestro conocimiento es de naturaleza cinematográfica», restituye una apariencia de movimiento a lo que en realidad es solo una ristra de imágenes fijas. Según esta hipótesis, somos incapaces de percibir la realidad en movimiento, el cambio, «la flexibilidad y la variedad de la vida».

¿Por qué? Porque solo podemos pensar la movilidad descomponiéndola en una «serie de instantáneas», en una sucesión de instantes congelados. A través de esa sucesión de tomas fijas, creamos una ilusión de movimiento: tal es, según afirma Bergson en *La evolución creadora*, «el artificio del cinematógrafo, y tal es también el de nuestro conocimiento». Recomponemos la realidad a partir de sus fragmentos, nuestro conocimiento no es más que una reconstrucción limitada, incapaz de dar cuenta de la continuidad y la evolución. Pasamos por alto aquello que constituye el objeto de nuestra experiencia: el devenir de la realidad sensible. De este modo, «en lugar de centrarnos en el devenir interior de las cosas, nos situamos fuera de ellas para recomponer su devenir de forma artificial».

49

Nos perdemos la duración y el movimiento de la realidad y se los restituimos artificialmente, «accionando una especie de cinematógrafo interior».

Según Bergson, el corte operado por el pensamiento en el tejido del tiempo nos provoca la ilusión de una discontinuidad. El pensamiento interrumpe la continuidad de la experiencia para satisfacer las exigencias de la vida práctica. Fabrica nuestro pasado como quien monta una película. Descompone el flujo de la experiencia, dividiéndolo en secuencias, dándoles un comienzo y un final. Esta especie de cine interior funciona sin que nos demos cuenta, marcando cesuras donde no las había, distorsionando la materia fluida de la conciencia. En aras de la simplicidad, el pensamiento corta limpiamente el devenir interior y fragmenta su continuidad. Se delimitan así distintas porciones de realidad o fases psíquicas. La historia se reescribe, marcando sus momentos, distinguiendo sus escenas, recomponiéndola en una seudorrealidad que recrea una apariencia de duración a partir de una sucesión de instantes desvinculados. Empleando un sistema afín al de la producción cinematográfica, el conocimiento introduce lo discreto en lo continuo. El resultado es que permanecemos siempre en el exterior de las cosas. No somos conscientes del movimiento mismo del devenir y percibimos el mundo como una burda recomposición.

Esta simplificación de una realidad más compleja la vamos sembrando luego de referencias temporales ficticias. Separamos el pasado y el futuro de forma arbitraria, introduciendo comienzos donde había solo una evolución. Todo lo que aparece ha sido precedido por otra cosa, afirma Bergson, de modo que conviene «renunciar a los hábitos cinematográficos de nuestra inteligencia», que «interrumpen» la evolución temporal y distinguen estados donde en realidad solo hay continuidad y transición imperceptible. Estas «visiones del espíritu» producen «realidades» que, según Bergson, no son más que constructos falaces, cuya articulación o evolución temporal ya no somos capaces de concebir. Así, pensar por separado la infancia, la adolescencia, la madurez y la vejez equivale a ignorar nuestro verdadero devenir fisiológico y psíquico, y pasar por alto nuestra experiencia interior, que es un flujo continuo y no una sucesión de etapas. En su *Introducción a la metafísica*, Bergson alude al «sentimiento original de fluencia» que llevamos dentro, a esa «continuidad de fluencia» que se encuentra en el fondo de uno mismo. El «desarrollo de nuestra duración semeja, en cierto modo, la unidad de un movimiento que avanza». Los estados interiores del sujeto no pueden ser distintos, están «tan sólidamente organizados, tan profundamente animados de una vida común, que

51

no sabría decir dónde termina cualquiera de ellos y dónde comienza otro». En realidad, añade, «ninguno comienza ni termina, sino que todos se prolongan unos en otros».

El paradigma que subyace a este concepto de la temporalidad y la duración parece ser el de la evolución biológica, lo cual no deja de plantear dificultades cuando se transpone al corazón de la interioridad del sujeto. La vida, desde esta perspectiva, no es más que «el desenrollamiento de un rollo», y al vivir uno siente que «va llegando, poco a poco, al término de su tarea». «Vivir consiste en envejecer –concluye Bergson–. Pero es también un enrollamiento continuo, como el de un hilo en un ovillo, pues nuestro pasado nos sigue, y se agranda sin cesar con el presente que va recogiendo por el camino.» En esta experiencia interior no hay interrupción, no hay quiebra. Dentro de la variación sutil y la continuidad de las formas, la metamorfosis es el único principio de transformación. No hay rupturas, pues, ni motivo alguno que surja de pronto sin que hayamos visto previamente esbozarse sus contornos. Hay novedad, por supuesto, como la flor que eclosiona de su capullo, pero nada inaudito, nada desconcertante. ¿Es esa nuestra experiencia íntima? A veces la impresión que tengo no es la de una fluencia interior sino la de una serie de diques que se rompen con violencia, que desbordan. Es difícil comprender, conforme a esta teoría, el caos interior de las crisis que atravesamos, en la adolescencia o en la madurez. Es cierto que identificamos periodos, fases y momentos transcendentales de nuestra vida, pero cabe preguntarse si se trata de veras de una reconstrucción *a posteriori* del pensamiento, como sostiene Bergson. ¿Qué sentido tendría reconstruir el desorden?

LA HORA FECUNDA

> Es preciso describir la historia eficaz
> de los comienzos.
>
> GASTON BACHELARD,
> *La intuición del instante*

Se entiende, pues, qué es lo que nos cuesta pensar: la cesura, el vuelco, la mutación radical del sentido de la realidad. El elemento imprevisible en esa transformación del sentido de una existencia. Así como la realidad decisiva del instante, su capacidad creadora, inaugural, y su dimensión esencial dentro de la propia evolución. Esta es la crítica formulada por el filósofo Gaston Bachelard en *La intuición del instante*. Según Bachelard, el problema de la filosofía bergsoniana reside en que nos impide pensar los comienzos: «Después de demostrar la irrealidad del instante, ¿cómo hablaremos del principio de un acto?», se pregunta. Hay que encontrar el modo de dar razón de la cesura del instante:

Si el instante es una falsa cesura, el pasado y el porvenir serán sumamente difíciles de distinguir, puesto que siempre se separan de manera artificial. [...] De ahí todas las consecuencias de la filosofía bergsoniana: en cada uno de nuestros actos, en el menor de nuestros ademanes, se podría aprehender entonces el carácter acabado de lo que se esboza, el fin en el comienzo, el ser y todo su devenir en el impulso del germen.

Ahora bien, en el curso de la evolución se producen en efecto «cambios bruscos, en que el acto creado se inscribe abruptamente», nuevas eras que empiezan porque surge algo nuevo. «Además de a la duración, debemos conceder al instante una realidad decisiva.» Es obvio que hay una «señal decisiva» que marca el comienzo de «una hora fecunda que, para durar, bien debe empezar». Hay momentos que determinan un antes y un después, un pasado y un futuro. Bergson los concebía interdependientes: el presente arrastraba consigo el pasado y el futuro se configuraba en parte en el presente. Bachelard cuestiona esta lectura y nos insta a retomar el análisis de nuestra interioridad. ¿Qué vemos cuando entramos en nosotros mismos? ¿Atisbamos acaso esa continuidad de la duración interior? No exactamente. Observemos la mente en acción: «Nos damos cuenta de que recibe mil incidentes, de que la línea de su sueño se quiebra en mil segmentos suspendidos de mil cimas». Se nos presenta fragmentada, «como una fila de instantes separados». ¿Se trata de un error del pensamiento, que es incapaz de aprehender la continuidad, o es que la duración, ese vínculo que añadimos retrospectivamente entre cada instante, es ilusoria? Tal vez no sea más que una reconstrucción artificial y tranquilizadora. En cualquier caso, debemos considerar, con Bachelard, la «realidad decisiva del instante». Contra el desarrollo continuo, pensar en la rotura; contra la idea de una maduración, pensar en los accidentes que se encuentran «en el origen de toda tentativa de evolución». Lo único durable es la pereza: instalarse en una continuidad confortable, dejarse llevar por la inercia de la existencia, como si todo comienzo nos quedara a trasmano. En el fondo de la crítica de Bachelard quizá está la sospecha de una complacencia pasiva del sujeto ante ese movimiento que lo precede, en el que se ve envuelto y en el que, en última instancia, no decidirá nada. Se diría que Bergson se prohíbe a sí mismo pensar en lo que se fractura en nuestro interior, en lo que se interrumpe. ¿Por qué «tratar de remontarse a cierta fuerza sorda y oculta»?, se pregunta Bachelard. No todas las decisiones son fruto de una larga maduración. Si Bergson teme un mundo en suspenso en el que todo «perece y renace sin cesar», Bachelard, por su parte, rechaza un mundo sin comienzo: «Y ese

57

conocimiento del instante creador, ¿dónde se nos presenta más claramente que en el surgimiento de nuestra conciencia?».

Tal vez sea hora de volver a nuestro caleidoscopio: ahí encontramos otra imagen de la transformación, como señala el propio Bergson en *Las dos fuentes de la moral y de la religión.* Basta con «girarlo una muesca y se da la metamorfosis». Una rotación imperceptible del prisma y el espectáculo se reconfigura, el mundo cambia por completo.

¿No existen los comienzos interiores? ¿No llevamos dentro nuestras propias ondas de choque, nuestros propios detonadores? ¿No tenemos acaso nuestros momentos de estupefacción, de intensidad insoportable, de dolor o de alegría? Hay segundos en que algo se rompe o se decide para siempre, o algo se extingue de golpe en nuestro interior: la ingenuidad, la confianza, la despreocupación. Nuestros tempos internos van cambiando, ya sea por la brusca y trágica aceleración del sentimiento de existencia, por una sensación de amenaza inminente o por el *allegro* de una dicha recobrada contra todo pronóstico. Hay relámpagos interiores que hienden el flujo tranquilo de la conciencia y la revolucionan. Reconozco esos momentos en que la fuerza de un sentimiento o una sensación física, el efecto de una palabra o una imagen me retuercen el alma, dando un vuelco a mi concepción del mundo. Y es como si me hubieran volteado, como si me encontrara de pronto boca abajo: el mundo se me presenta nuevo y extraño, inquietante o arrebatador. Una revelación fortuita, un anuncio, la intuición de una verdad insospechada, una imagen perturbadora, y la realidad gira varios grados sobre sí misma. La infancia está repleta de hitos de esta clase, de hallazgos asombrosos, alarmantes a veces. Yo recuerdo, por ejemplo, el día en que me enteré de que en otros idiomas el sol era una palabra femenina y la luna, masculina. Los hechos desconcertantes se acumulaban sin tregua: no conocemos los límites del universo; no podemos concebir el infinito; no podemos imaginar un polígono de mil caras; existe un mundo microscópico invisible a simple vista, en el que los copos de nieve se convierten en magníficas figuras geométricas; dos rectas paralelas no se cruzan jamás... Todo el mundo lleva grabada alguna frase que lo dejó perplejo o lo exaltó, que entreabrió alguna puerta mental y desplazó los límites de la realidad. El inspector era el asesino, y hay padres que abandonan a sus hijos, no solo en los cuentos. Aún más grabados llevamos los momentos en que comprendimos que los adultos mienten o se equivocan, que son frágiles a veces, que nos pueden traicionar. Son muchos los indicadores temporales de estos cataclismos, de estas catástrofes interiores en las que se nos cae el mundo encima. Y también nos acordamos del momento preciso de una alegría incontenible, de ese «verano invencible» que nos inundó tras el anuncio de un triunfo, de un nacimiento próximo, de una declaración de amor. La vivacidad de esos momentos los inscribe en nuestra historia como comienzos, sea cual sea la duración del episodio en concreto. Podemos recordar también con nitidez el momento en que tomamos una decisión dolorosa, en una mañana fría, después de varias noches de insomnio: dejar a aquel hombre, interrumpir el tratamiento, renunciar a un proyecto tras largos años de esfuerzo. Decretamos finales e impulsamos comienzos; ese es en definitiva el «poder cataclísmico» de la libertad humana, como lo llamaba Sartre.

LA INQUIETUD DEL COMIENZO

Ya que hay que empezar por alguna parte.

EMMANUEL CARRÈRE,

Yoga

¿Con qué sesgo abordar el mundo, con qué frase comenzar el relato? Tener que escoger entre todos los comienzos posibles puede generar cierta inquietud. Más tarde nos preguntaremos qué habría pasado si aquel día fatídico hubiéramos tomado otro camino, si hubiéramos perdido el tren o hubiésemos llegado a tiempo a nuestra cita. Si hubiésemos resistido a la tentación o apostado por aquel nuevo amor. Toda trayectoria se desvía siempre en bifurcaciones imaginarias, se aparta de esa otra vida posible que rechazamos en su momento y en la que podríamos haber sido más felices.

Para algunos, el comienzo es a la vez un juego, una estrategia y un trabajo de orfebrería. Al principio de *La vida instrucciones de uso*, Georges Perec sugiere inocentemente comenzar por las partes comunes, por esos lugares que la gente transita sin detenerse. Por ese espacio que no dice nada de los vecinos del edificio, pero sí de las vidas paralelas que se ven obligadas a cruzarse. Perec oculta al lector el principio lúdico y la arquitectura compleja de la obra. El orden de los capítulos, aparentemente casual, se ajusta de hecho a la regla del movimiento del caballo en el ajedrez: un caballo que debe recorrer las sesenta y cuatro casillas del tablero sin detenerse más de una vez en ninguna de ellas. Las ventanas del edificio son las casillas del tablero y el relato pasa de una habitación a otra como un caballo que salta sin volver nunca sobre sus pasos. Nada se ha dejado al azar, pese a la engañosa banalidad del comienzo de la novela.

Para nosotros, que solo contamos pequeñas historias, la elección del comienzo suele tener su punto arbitrario. ¿Cómo extraer el posible principio de una maraña de sucesos encabalgados? ¿Cómo inferir su causalidad, su concatenación lógica particular? Lo ideal, en estos casos, es encomendarse al ritmo. O, más exactamente, identificar las rupturas de ritmo que indican una desviación, un efecto inusitado. La idea es aferrarse a las señales de un posible cambio. Ya que hay que empezar por alguna parte, como dice Emmanuel Carrère al principio de *Yoga*, empecemos por el día en que tomamos un tren, sin el teléfono móvil, con una intención que sugería cierta forma de ruptura o, cuando menos, una interrupción de los propios hábitos. El cambio ya se había producido en nuestro interior, algo se había desajustado ya, seguramente, pero ese tren nos brinda una representación visible de la deriva o la alteración en curso. Nos apoyamos en un elemento diferencial, en una acción que indica un cambio. Un momento de disonancia o deslumbramiento emerge así de la bruma, de esa masa indistinta de días repetitivos. Empezar puede ser una fuente de angustia. «Ponerse» nos parece a veces tarea imposible. Italo Calvino describe una verdadera patología de los comienzos. En un texto breve consagrado a uno de sus personajes, el señor Palomar, el escritor italiano emplea la expresión «*pathos degli inizi*» y propone la siguiente solución: atenerse al orden alfabético. ¿Cómo empezar? Como los diccionarios. Entrar en el mundo desgranando las letras, de la A a la Z, según la convención arbitraria pero eficaz del orden alfabético. De este modo, la exploración de la realidad pierde su aterradora infinitud y también su lado aventurero. Sin complicarnos tanto, también podríamos abordar el comienzo como si tal cosa: empezar por aquí mismo, ya que hay que hacerlo por alguna parte. Contar la historia tal cual, desde el momento en que nos encontramos, en la intimidad. O sacralizar el comienzo, con seriedad o con ironía, como si en el umbral del texto el escritor y el lector hubieran de jugarse el todo por el todo. En definitiva, o se banaliza el comienzo, fingiendo que no es tal, o se dramatiza, como hace Calvino en el inicio de *Si una noche de invierno...*

Ambas actitudes se dan también en nuestras vidas, sin que eso nos mortifique como a Palomar. Podemos fingir que el comienzo es solo una continuación, retomar una línea que ya existía e incorporarnos a ella discretamente, como si la recorriésemos desde siempre. Atribuirnos un linaje, una historia, acoplarnos sobre la marcha a la melodía, como si la cantáramos desde el principio. Podemos hacer como si siempre hubiéramos estado presentes, aunque acabemos de aparecer. El acontecimiento se diluye así en el *continuum* de un relato que comenzó antes de que llegáramos. O bien exaltar el comienzo, hacer de él toda una historia, una novela, una película. Esos comienzos los celebramos, recordamos sus fechas, las grabamos por si acaso en el interior de un anillo. Los primeros pasos en el mundo, la foto del primer día de escuela, con esa mochila tan grande que asoma por detrás de los hombros. Ese primer día lo marcamos con una cruz blanca, como si el tiempo volviera a empezar ahí. Se alza el telón, damos la noticia, pronunciamos un discurso, inauguramos, organizamos, celebramos, bautizamos niños o barcos, lo mismo da, porque el comienzo no deja de ser una representación. Se declara la guerra como se declara unida en matrimonio a una pareja de novios. A veces, una declaración puede llevar a la otra. Es lo de menos. Lo esencial es que algo está a punto de comenzar, aunque no sepamos exactamente de qué se trata.

Algunos de los comienzos que festejamos caen luego en el olvido. ¿Cuáles son esas primeras veces que resultaron ser insignificantes, pese a las fanfarrias y los vítores, y cuáles las que siguen grabadas en nuestra memoria como verdaderas y señaladas iniciaciones? La atención que prestamos a un comienzo no tiene por qué ser conforme a la importancia que revista en el futuro. Así como, a la inversa, algunos comienzos discretos tienen grandiosas o devastadoras consecuencias. Esos son los comienzos que hay que saber emprender o a los que hay que estar atento.

DE IMPROVISO

No es infrecuente que las ideas a las que
acabaremos consagrando la vida entera
se nos ocurran [...] de improviso.

CLÉMENT ROSSET,
La joie est plus profonde que la tristesse

¿Soy yo quien comienza? Creo tomar una decisión, pero podría ser que ignorara mis verdaderos
motivos, el trabajo soterrado que se obra en mí.
Murmullos interiores y vientos encontrados moldean nuestra voluntad. Es posible que, a fin de
cuentas, no me encuentre en el origen de lo que
constituye el centro de mi existencia. ¿Habrá habido un día, un momento preciso en el que decidiera ser la persona en la que me he convertido?
Jean-Philippe Toussaint comienza su libro
L'Urgence et la patience con un breve capítulo titulado «El día en que comencé a escribir». De ese día,
que muchos escritores serían incapaces de precisar,
dice lo siguiente:

He olvidado la hora exacta del día en que tomé
la decisión de escribir, pero esa decisión existió,

67

y ese día existió: esa decisión, la de comenzar a escribir, la tomé de repente, en un autobús, en París, entre la plaza de la República y la plaza de la Bastilla.

Tal como está formulada, la decisión no parece ser tal. Se diría más bien que el autor se vio sorprendido por ella, como si le hubiera caído del cielo, súbitamente, en un autobús, un lugar que no se presta mucho a la revelación de un destino o el sentido de una vida.

La decisión que tomé aquel día era bastante inesperada para mí. Tenía veinte años (o veintiuno, qué más da, mi edad no tiene tanta resolución) y nunca se me había ocurrido que un día me dedicaría a escribir.

Así fue como, en los pocos minutos que separan ambas plazas parisinas, en el tiempo de un trayecto de autobús, se trazó el futuro de un hombre aún muy joven. Y esa decisión parecía llegar a contrapelo de su principal interés, que era el cine. La escritura era en realidad un segundo plato, una solución de compromiso ante la dificultad del oficio de director de cine, influido como estaba entonces por las reflexiones del maestro Truffaut, que en su libro *Las películas de mi vida* aconseja dedicarse a escribir antes que a dirigir películas, porque la escritura es una «actividad ligera y fútil, alegre y divertida», que uno «puede practicar a sus anchas, en casa o al aire libre» (Toussaint admite haber distorsionado un poco las palabras del cineasta). Pero el escritor alude también, en un contrapunto muy significativo, a la lectura «determinante» de *Crimen y castigo*, que según la más estricta ley de causalidad le confirió a su vida un rumbo inapelable, haciendo de la escritura una vocación urgente y necesaria. Ley, por cierto, que tiene validez universal, según el teorema ad hoc concebido por el propio autor: «Quien lee *Crimen y castigo* se pone a escribir al cabo de un mes».

Así que su decisión repentina fue a un tiempo fatídica y producto del cálculo, obedecía a una necesidad interior y era el producto de una deriva: la que conducía de la pasión por el cine al deseo de escribir. No era muy firme aquel punto de partida, como tampoco lo es el proceso de escritura, que se rige por una lógica particular y tiene su propio tempo, su «fase de maduración», sobre la que el autor no ejerce el menor control. Se trata, dice Toussaint, de «dejar que el libro se macere en su jugo». La escritura no es, aun así, el fruto de una súbita inspiración, ni de la posesión del autor por parte de un texto que se le impone a la fuerza. No hay musa ni gracia divina. No hay delirio, ni arrebato, ni una experiencia mística de la literatura. La metáfora es más bien deportiva, de orden espartano: escribir es un esfuerzo, una disciplina, una disposición laboriosa del sujeto.

Cuando escribo un libro me gustaría ser etéreo, dejar volar el pensamiento y relajar la mano. Y un cuerno. La verdad es que soy muy organizado. Me ejercito, me preparo, planifico. Hay algo monacal en mi actitud, un punto espartano de navegante en solitario.

Si de verdad existe un camino para la escritura, es más una ascensión penosa que un correteo dichoso por el prado. Para Toussaint, la escritura es la «confirmación en potencia del rumbo que toma mi vida» a la par que un esfuerzo constante.

Sería tan arduo como inútil deshilvanar la madeja de las razones y motivaciones de cada cual. Pero llega un momento en que el sujeto se apropia de lo que se le presenta, por sorprendido que esté. Ese es el momento que se repite una y otra vez durante el proceso de escritura, en el que se trata siempre «de mirar la obra con otros ojos, de atraparla, de sorprenderla de improviso, *como si* la descubriéramos por primera vez, para juzgarla con imparcialidad». Mirar el libro como si fuera la primera vez. Y ese *como si* también es válido para la vida en general, para resistirse a la erosión de la costumbre. Mirar a un ser querido con los ojos de un extraño, como si lo acabáramos de conocer; volver a un lugar que nos es familiar después de un largo viaje; dar un paso atrás para cambiar de perspectiva y, desde ese desajuste, volver a empezar por el comienzo.

LO QUE YA HA EMPEZADO

¿Cuántos deseos, proyectos y pensamientos se conciben en el secreto de una conciencia opaca, en la ignorancia de los propios anhelos, de eso que se está gestando discretamente en nuestro interior? ¿Qué maduración se opera en mí, sin mí, a pesar de mí en ocasiones, cuyo comienzo se me escapa, pero cuyo desarrollo puedo observar? Esa labor soterrada aflora de forma puntual, se expresa a retazos, a voces. Es como una conversación lejana o callada de la que solo se oyen los acentos, que deja traslucir el tono sin revelar las palabras. Lo percibo, pero no logro discernir su comienzo. Ese rumor interior confuso se transforma poco a poco en un discurso cada vez más claro, más elaborado. Lo que comenzó diciéndose en un magma de sonidos gana en precisión. De esa masa surgen partes, formas identificables, y la idea que se ha ido armando independientemente de mí, por así decirlo, se convierte poco a poco en un objeto de mi conciencia: se formula. En los oscuros procesos del pensamiento cuesta identificar una linealidad y encontrar puntos de referencia. Esas preguntas, esas inquietudes, se manifiestan antes de que yo sea consciente de ellas, son algo que comienza sin mí.

Este modo de funcionamiento malogra toda tentativa de identificar el principio o el final de un viaje psíquico, que desborda el marco de observación del propio ejercicio de análisis. Como decía con humor Perec en *Pensar/clasificar*: «El psicoanálisis no se parece en verdad a los anuncios para calvos; no hay un "antes" ni un "después"». Cabría tomar como referencia la duración del análisis, claro, si no fuera porque en realidad este comenzó con antelación, antes de pedir cita en la consulta, de sentarse en la sala de espera, de tumbarse en el diván. Germinaba ya en la duda y la decisión de concertar la primera sesión, y proseguirá más allá de la última.

No hubo principio ni fin; mucho antes de la primera sesión, el análisis ya había comenzado, al menos en la lenta decisión de someterse a él, y en la elección del analista; mucho después de la última sesión, el análisis continúa, al menos en esta duplicación solitaria que remeda su obstinación y su estancamiento: el tiempo del análisis fue un enviscamiento en el tiempo, una hinchazón del tiempo.

La lectura lineal del tiempo debe ceder su puesto a un enfoque más bien arqueológico. El tiempo del análisis es un tiempo dilatado o duplicado, en que el momento vivido se trabaja, se retoma, se rumia, y parece ganar en espesor y densidad. Es la profundidad del tiempo –de la que la mayor parte de las veces no somos conscientes, habituados como estamos a deslizarnos por su superficie sin hundirnos en sus abismos–, es esa densidad y también esa opacidad del tiempo la que se le impone al analizado. Siente entonces algo parecido a una maduración interior, pero también un «estancamiento»: la progresión es sumamente lenta, es como si no avanzara. Con todo, es perceptible ya el amago del movimiento, la dinámica del gesto. Aun inmóvil y aparentemente atascado en el mismo lugar mental, balbuce ya uno lo que dirá más tarde, desentraña lo que acabará por aclararse. En esa opacidad interior, en la pura indistinción, algo sucede ya que, sin embargo, parece no haber tenido comienzo.

Esas palabras tan difíciles de alumbrar se liberan a veces por medio de un rodeo. En la novela *Un singe à ma fenêtre*, de Olivia Rosenthal, la narradora viaja a Japón para entrevistar a las víctimas de los atentados con gas sarín de 1995. Mientras trata de descifrar los equívocos en los relatos de unos y otros, ella también parece luchar contra sus propios silencios, contra sus naufragios personales. Ha tenido que dar ese rodeo por las palabras y los sufrimientos ajenos para volver a los suyos y verse capaz de afrontar sus propias hecatombes, hasta entonces reprimidas y silenciadas. «En los cincuenta años que llevas vividos, ¿qué merecía decirse y no se dijo?», se pregunta la narradora. La forma de la verdad, brutal, monstruosa, sale de las sombras y acaba por pronunciarse, de tanto volver a ella, de tanto rondar en torno a ella durante esas entrevistas sobre el absurdo de la tragedia y la desaparición de los seres queridos.

Percibía, como se percibe la llegada de una palabra olvidada en la punta de la lengua, que una forma tomaba cuerpo en mí, casi sin mi consentimiento. [...] Me dije que debía confiar en mi propia ceguera, apoyarme en ella sin tratar de apremiarla o reducirla, para que, a fuerza de trabajo, de vueltas y vagabundeos, saliera al animal que andaba agazapado ahí detrás [...].

Las palabras cruzan por fin la frontera de lo indecible y se puede ya abrir la jaula interior para

que salga el animal cautivo. Eso que nos daba
vueltas y más vueltas por dentro, esa fiera impaciente y nerviosa, escapa por fin a su obsesiva circu-
laridad.

COMENZAR POR EL MEDIO

Se comienza siempre por el medio.

GILLES DELEUZE,
Diferencia y repetición

Poca gente conoce en esta vida los comienzos grandiosos: un bautizo con gran pompa, una puesta de largo o una coronación solemne. A falta de iniciaciones brillantes y ceremonias inaugurales majestuosas, empezamos con discreción, modestamente: nos insinuamos, nos metemos por resquicios casi imperceptibles de la realidad. Nos colamos. Nuestros comienzos suelen llevarse a cabo por deslizamiento, por infiltración. Nos subimos al carro, nos integramos en un movimiento más grande que nosotros. Estamos siempre «entre». Como la hierba, crecemos entre las losas, en medio de lo que ya existe, haciéndonos un huequecito entre los demás. En *Diferencia y repetición*, Deleuze afirma que se comienza siempre por el medio. Comenzar por el medio es comenzar dentro de un medio y componer ahí algún arreglo, inscribirse en cierta conjugación del ser. Crecer en medio de lo que ya existe es basarse en lo preexistente, pero también sortearlo, torcerlo, desviarlo. Se puede empezar «contra» en los dos sentidos del término, en el de apoyo y el de resistencia, y crecer luego en los intersticios, a pesar del asfalto, agrietándolo, levantándolo y deformándolo con la pujanza de nuestras raíces. Lo que cuenta es la inflexión de la línea, más que su punto de partida; la curva que le damos y la forma en que nos involucramos en la realidad, más que su principio, su fundamento o su finalidad. Lo esencial, en fin, es la aparición de la diferencia, la inclinación que fuerza el cambio de rumbo. Según afirma Deleuze en *Conversaciones*, «lo que cuenta no son los principios ni los finales sino el medio. Las cosas y los pensamientos se activan y crecen en el medio, hay que instalarse en ese lugar, pues es ahí donde se produce el pliegue».

Pero esta afirmación es también el signo de una nueva humildad filosófica ante la gran cuestión metafísica de los fundamentos: el principio, el origen. El primer motor, la naturaleza, el caos de los átomos, Dios... Inmanencia o trascendencia, *arché* o *logos*, soplo o espíritu... Con o sin mayúsculas, la cuestión atraviesa y divide la historia de la filosofía occidental. Deleuze nos propone aparcar la pretensión de pensar los fundamentos para pensarnos a nosotros mismos como creadores. Porque la pretensión de definir el origen va de la mano de otra: la de situarse a sí mismo en el principio del comienzo. El presupuesto de un comienzo radical se asocia a la imagen de un creador absoluto, claro. Ser el que engendra el mundo, ser el autor de la realidad. Etimológicamente, el autor es, como seguro que recuerda Deleuze, el que incrementa, el que añade, el que hace progresar. Es el origen de la acción, la causa primera de un universo nuevo.

Debemos renunciar a esa figura, no obstante, puesto que nunca somos los primeros: estamos atrapados en una red, formamos parte de una trama, hablamos con las palabras de otros y mezclamos sus ideas a las nuestras hasta confundirlas. Nos subimos al carro, nos amoldamos a la cadencia, nos integramos en un movimiento más grande que nosotros. El pensamiento es siempre un préstamo, una alusión, aunque sea inconsciente. Una repetición. Pensamos con los demás, en medio de todos ellos, en un «intermedio». El «yo» se vuelve así una entidad casi ilusoria: cada cual se apoya en las reflexiones del prójimo, en un diálogo, por silencioso y solitario que sea. En la introducción de *Mil mesetas*, que Deleuze escribió al alimón con Félix Guattari, los autores señalan que han mantenido sus nombres en la portada solo «por rutina». En realidad, dicen, «como cada uno de nosotros era varios, en total ya éramos muchos». Ese libro escrito a cuatro manos está de hecho abarrotado, vivo, habitado por mil manos, voces, cuerpos y otras tantas experiencias literarias, filosóficas, etológicas y artísticas. Al inicio de la obra se reproduce una partitura del compositor y pintor Sylvano Bussotti, *Cinco piezas para piano para David Tudor*, cuyas singulares notaciones parecen dibujar una especie de paisaje sobre los pentagramas, de forma que la partitura deja de ser un simple código, un tipo de escritura, para convertirse en una obra plástica, un nuevo lenguaje híbrido. Del mismo modo, en *Mil mesetas* las obras se entremezclan como se superponen las distintas líneas melódicas de una composición musical.

Esta estratificación de las mesetas, esta confusión de las líneas, esta indistinción de voces es también la modalidad que rige nuestro pensamiento. La representación del autor que crea su obra de la nada es una construcción ficticia. Lo que ingenuamente creo descubrir es algo que existía antes que yo. «Mis» ideas no son nunca las mías, en realidad: vienen de otra parte, me traspasan y resuenan en mí, se graban profundamente o siguen su camino. Nada me pertenece del todo, ni siquiera estas reflexiones inmateriales. La figura del sujeto que inicia el pensamiento se diluye en su labilidad, en su flujo, en su paso constante de un individuo a otro. «Ya no tiene ninguna importancia decir "yo" o no decirlo.» Ni siquiera es legítimo. «Ya no somos nosotros mismos», añaden Deleuze, Guattari y los demás, todos esos que «nos han ayudado, aspirado, multiplicado».

Pese a que los comienzos se nos escapan, sí podemos identificar un comienzo. Somos siempre los segundos, pero las cosas nos llegan por primera vez. Aunque la reflexión nazca de un encuentro, también es a veces el producto de un sobrecogimiento. En las garras «de la necesidad absoluta», la conciencia se somete en esa captura repentina a «una violencia original, una extrañeza, una enemistad que sería la única cosa capaz de arrancarla a su estupor natural o a su eterna posibilidad», como dice Deleuze en *Diferencia y repetición*.

Hay en esas derivas irresistibles algo que podríamos llamar «comienzo». Algo se inicia en mí, algo se activa, el pensamiento se pone en marcha bajo una presión externa. Tenemos que comprender, resolver, descifrar lo que se nos resiste: «Hay algo en el mundo que *fuerza* a pensar». Deleuze, en su relectura de Platón, nos recuerda que hay dos clases de cosas: «las que dejan el pensamiento tranquilo y las que *fuerzan* a pensar». Ese problema, que me intriga y me obsesiona, me conduce imperativamente a la reflexión. No es tanto una decisión como una coacción: me veo, casi a mi pesar, en la obligación de pensar en eso que me estorba y me violenta. Algo me atrapa por el cuello, me araña la cabeza, me quema la retina. Y tengo que agarrarme a lo que me agarra. «Lo primero en el pensamiento es la fractura, la violencia, el enemigo»: lo que representa una amenaza, lo que me desestabiliza y me debilita, lo que se me impone a mi pesar. Lo que me aparta de la senda habitual, lo que me confunde, lo que me desvía. El comienzo se da cuando la realidad nos rasguña, nos provoca, nos zarandea: ese es el momento en que la idea «nace, por fractura, de lo fortuito en el mundo». El encuentro contingente con algo que polariza irresistiblemente mi atención está en el origen de la «pasión de pensar». *Cogito quia aberro*, podríamos parodiar: pienso porque me extravío. La reflexión es, en este sentido, una «aventura de lo involuntario». Deleuze nos propone una forma muy distinta de concebir tanto el comienzo filosófico, que nunca es tal en realidad, como el comienzo en general. Si uno empieza es más por una necesidad exterior que por voluntad propia. El movimiento es, pues, involuntario, en tanto que no es fruto de la resolución de un sujeto: «El punto de partida [...] no se constituirá ya por la libre decisión del pensador, sino por una necesidad que procede del exterior». Desde esta perspectiva, el comienzo es tal vez el pliegue que inicia ese movimiento aberrante.

LET'S PRETEND

Fake it till you make it.

La pequeña –¿tendrá un año ya?– está acostada en su tumbona cuando, de pronto, empieza a hablar en una lengua desconocida. Durante un buen rato nos larga con toda seriedad un discurso que no entendemos, pero cuya intensidad captamos perfectamente. Se dirige a nosotros muy concentrada; tiene algo que decirnos. Como es natural, callamos y la dejamos hablar. En nuestra memoria común, es la primera vez que nuestra hija nos habla. Aunque no entendamos esa lengua inventada, nos sentimos interpelados por su entonación, que es la de un discurso, y por las inflexiones de su voz. El ritmo y la respiración son los de un cuento y los acentos son franceses, aunque las palabras no lo sean. No nos pide nada, no tiene hambre ni le duele nada, habla quizá de sí misma, trata de contarnos algo importantísimo a sus ojos de renacuaja. Nosotros la escuchamos, conmovidos por la melodía de esa vocecita que, durante un cuarto de hora quizá, nos hace saber algo a todas luces esencial. Esta tarde, con este discurso casi inaugural, con esta primera alocución tan idiosincrática en una niña tan pequeña, nuestra hija se ha metido de lleno en el lenguaje, aunque no domine aún el idioma. Su palabra no se circunscribe ya a la necesidad, a los problemas prácticos, a la satisfacción física, sino que parece gozar de un placer expresivo que acaso sea una expresión de sí misma. Se apropia del lenguaje oral en la medida en que este es un vínculo con el prójimo, una articulación del yo y el otro, una entrada en el mundo de los intercambios inmateriales.

Merleau-Ponty analiza los primeros pasos en el lenguaje, sus «anticipaciones», que se manifiestan «desde el principio de la vida». El niño empieza por «hablar en general». Se podría decir que «juega a hablar». Solo que el juego es también muy serio, porque refleja la voluntad de incorporarse a una comunidad lingüística: «El niño, atraído, atrapado por el movimiento del diálogo que se despliega a su alrededor, se ejercita en él». En esa imitación, que pasa por la invención de otra lengua, el niño va más allá del uso primario del lenguaje como continuación del cuerpo, como voz de ese cuerpo, cuyas sensaciones y necesidades comunica. En este sentido, esas palabras incomprensibles son tal vez más singulares, más personales. El lenguaje deja de ser prolongación y expresión corporal, se desprende de sus raíces originarias en la sensibilidad inmediata y se afirma como voluntad de conexión y autoafirmación.

De manera un tanto sorprendente, Merleau-Ponty nos habla de la exuberancia de ese «parloteo» que precede al lenguaje. Y nos propone una analogía: «Entre el parloteo y el lenguaje se da la misma relación que entre el garabato y el dibujo». Podríamos deducir que el dibujo y el lenguaje son la culminación de esas primeras formas confusas, el producto de una especie de «poda», pero no es esa la interpretación de Merleau-Ponty, que subraya la «extraordinaria riqueza» del parloteo, que «incluye fenómenos inexistentes en la lengua hablada en torno al niño». Ese «lenguaje polimorfo», lleno de términos insólitos e incomprensibles, persiste quizá en la vida adulta, en la opacidad interior de cada cual, donde la confusión precede a la exactitud, donde no dejamos de hurgar en busca de la palabra adecuada, de la formulación precisa. ¿En qué lengua pensamos oscuramente? Sin darnos cuenta, estamos repitiendo sin cesar ese ingreso inicial en la esfera del lenguaje.

Cabría preguntarse incluso si en ciertos ámbitos no nos habremos quedado en la fase del parloteo, en la alegría del balbuceo que no ha llegado a dominar la lengua. ¿No es eso lo que nos sucede cuando aprendemos de mayores un nuevo lenguaje corporal?

Yo estoy aprendiendo a bailar claqué. Sí, a mi edad. Con mi nula gracia y mi nefasto sentido del ritmo, ofrezco el aspecto de una marioneta desarticulada. A decir verdad, me limito a hacer percusión con los pies, a hacer ruido; la cosa no va mucho más allá. Mi gimnasia ridícula no guarda el menor parecido con una danza. Pero qué más da: tampoco aspiraba a otra cosa. Lo que cuenta son los zapatos de talones metálicos, el swing, las imágenes que una tiene en la retina mientras bailotea con torpeza: la coreografía de *Cantando bajo la lluvia*, la elegancia de Fred Astaire. Lo que cuenta es la sensación de meterse en la película, de subirse al escenario, de sentir una parte de esa energía, de esa alegría despreocupada: hablamos cantando, nos desplazamos dando brincos o girando sobre nosotros mismos. Esa levedad, esa frescura es lo que cuenta.

¿Por qué aprender de mayor a tocar el clarinete, a bailar tango, a hablar ruso? ¿Qué sentido tiene empezar algo que uno seguramente no llegará nunca a dominar? Este razonamiento es poco más que un pretexto perezoso y pasa por alto lo que está en juego en las iniciaciones a cualquier práctica: el acceso a nuevas emociones, a nuevas relaciones con el prójimo. Se sumerge uno de este modo en un universo que le era ajeno, pasa de ser un mero espectador a ser un actor, patoso y vacilante, es cierto, pero que se cuela en la escena, como hacía Cecilia, la espectadora de *La rosa púrpura del Cairo*. No nos conformamos ya con mirar o escuchar: queremos sentir. Esta clase de aprendizaje ahonda en la relación que ya teníamos con la música o con una lengua extranjera, le da una base material, una corporeidad, una manifestación concreta, por torpe que sea, con sus movimientos desacompasados o sus frases cojas. En estas tentativas, el sujeto abandona su actitud pasiva y toma la iniciativa, lo que no deja de ser una forma de despertar, de renovarse a sí mismo. Ese mundo nuevo que se entreabre nos permite reorganizar el deseo de uno mismo. Es otro yo el que se presenta con esa equipación deportiva o ese atuendo teatral, otro yo el que canta en esa coral sin desafinar en exceso. Aprendemos sin obsesionarnos con los resultados, con los progresos. Y esa gratuidad inicial aumenta el placer de la novedad. Al fin y al cabo, de esos comienzos no esperamos otra cosa que el placer que nos procuran.

Hay algo más en juego cuando un adulto decide que ha llegado la hora de aprender a leer y escribir, a nadar, a ir en bici o a conducir, cuando se propone superar una oposición o sacarse un título. El sujeto debe enfrentarse entonces a su propia vergüenza, a su angustia. Está aprendiendo lo que se supone que debería ya saber, lo que debería haber entendido hace tiempo. Comenzar, empezar de cero, retomar los estudios. Reaprender a aprender, esta vez en serio. Colocarse en el lugar de quien no sabe, después de años de fingir y sortear sospechas. O probarse a sí mismo que uno es capaz, que el reconocimiento solo ha sido aplazado, que aún es posible. Hay una humildad difícil y una gran alegría en esos comienzos, en la torpeza o la emoción de las pruebas superadas, en el desánimo puntual y la esperanza que resurge, pese a los intentos fallidos y la lentitud del aprendizaje.

Al tenerse de nuevo en pie sin muletas uno recobra esa exaltación casi adolescente de quien se desprende de lo familiar para hacer sitio a su propia singularidad. Conquistar y domeñar una nueva autonomía. Crecer, extender el dominio de nuestras posibilidades, arriesgarse a fracasar. Sentirnos desvalidos, desconcertados o curiosos, impacientes por arreglárnoslas solos. Descubrir de qué somos capaces, a los dieciocho años, a los cuarenta o a los setenta y cinco.

Superar los miedos arraigados y la sensación de imposibilidad. Liberarse del lastre de los fracasos pasados, de las prohibiciones tácitas, de las miradas de desprecio que habían trazado los límites de lo inaccesible. Aprender es también una forma de reparación, de enderezar la vida allí donde se nos torció, donde el sujeto dejó de serlo: la escuela a la que no pudimos seguir yendo, el recuerdo paralizante de un accidente, las palabras que nos estigmatizaron. Cultivar un nuevo orgullo, casi infantil, y tener éxito por partida doble: llevando a cabo ese aprendizaje y superando de paso el prejuicio de nuestras propias limitaciones. Sobreponerse a la aprensión y corregir la imagen que uno tenía de sí mismo. Enfrentarse a la posibilidad de fracasar para dejar de temer el fracaso.

Empezar fingiendo, ese es el juego mismo de la existencia, en la que se empieza a jugar antes de aprender, en la que se aprenden las reglas jugando. Se empieza con una primera partida «sin apostar», de práctica, en la que se disciernen ya, al margen de las reglas, sus posibles transgresiones: las trampas, los faroles, las intenciones implícitas y otros factores psicológicos y emocionales. Descubrimos así las interpretaciones relativas de las reglas, los buenos y malos jugadores, la categoría a la que pertenecemos. Algo se revela en nuestra manera de jugar, de tomarnos la partida muy en serio o completamente a broma, de disfrutar de la victoria, no soportar la derrota o encajar ambas con indiferencia.

En el juego nos vamos acercando poco a poco a la persona en la que queremos convertirnos, adoptando primero su forma, su apariencia, su envoltura: imitamos, reproducimos ademanes, posturas y entonaciones, hasta fundirnos con esa persona, hasta encarnarla y habitarla por dentro. Meterse en la piel del personaje, sentir cómo se va haciendo de carne y hueso. Y no es un mero mimetismo o una copia estéril de un arquetipo, como el camarero de *El ser y la nada*. Es ya una interpretación, la creación de una versión determinada de ese personaje. El juego es esa zona intermedia entre lo virtual y lo real, entre lo que no sé hacer y lo que puedo hacer. Hacer «como si» es también hacer. El juego, como lo definió el psiquiatra infantil Donald Winnicott en *Realidad y juego*, no es sumisión o aquiescencia a un modelo externo que nos limitamos a reproducir: es creación. Es el lugar donde el niño se sorprende a sí mismo, el plano en el que se superponen la realidad y la imaginación. A través del juego, el niño interioriza las actitudes a la vez que desarrolla las aptitudes del personaje que interpreta. En este sentido, el juego es algo muy serio. ¿Quién se concentra más que un niño que juega? Y así, a fuerza de vestir los hábitos del personaje, acabamos por hacerlo nuestro y mezclar nuestras sustancias. A menos que uno siga fingiendo indefinidamente que sabe lo que está haciendo.

En el juego nos adiestramos, nos ejercitamos, nos probamos. ¿Dejamos alguna vez de hacerlo? ¿Acaso no nos pasamos la vida probándonos, como sostenía Montaigne? El juego es también el placer de la variación. Cambiar de papel, inventar escenas, sacar al personaje de su contexto, salir a la calle disfrazado, cenar en la piel del superhéroe. Gracias a la envoltura del personaje, la realidad misma pierde rigidez, acoge al niño y a su historia, se deforma para hacer sitio a la ficción. El juego infantil es la punta de lanza de la imaginación que perfora la realidad y abre brecha en su espesor. Y es también, sin duda, el placer de esa identidad intermedia, entre denominaciones, temporalidades y poderes, el placer de despojarse de una forma de ser, quitándose la capa, apartando la pistola de cartón o el estetoscopio de plástico.

Llevar la imaginación a la realidad nos permite distender nuestra relación con el mundo exterior. Al duplicar la realidad con una trama imaginaria, la dotamos de una profundidad abierta por ese horizonte soñado, le restamos crudeza al mundo, que a los ojos de un niño puede parecer inmenso e inquietante, vertiginoso o inaccesible.

Y es en ese horizonte ficticio donde se despliega la posibilidad de una verdad del sujeto. En el juego disciplinamos eso que Merleau-Ponty, en sus cursos de psicología y pedagogía infantil en la

Sorbona, llamaba la «imaginación de sí mismo», que es el principio de «creación del sí mismo por el sí mismo». Así es como pasamos de la ficción a la realidad, del papel que uno imagina al que uno acaba encarnando. Toda vida es una «invención de sí mismo»: soy yo quien interpreta los datos fácticos de mi existencia. Así, podríamos plantear la cuestión de los comienzos desde otro prisma. No cabe duda de que algo surge cuando mi forma de vivir el papel se hace más evidente y más sincera. El comienzo se caracterizaría entonces por la autenticidad, por una mayor implicación: «Uno se entrega por entero al papel que ha decidido interpretar». Empiezo por interpretar al profesor de forma un tanto caricaturesca; me esfuerzo en ser estricto, severo, en usar un lenguaje exacto, sin familiaridades, sin tolerar el menor desorden. Pero al cabo de unas semanas me aflojo el corsé. Ya no me desdoblo a todas horas ni ato tan corto al personaje: juez y parte, me fundo con mi papel y lo interpreto a mi manera, con mi propio lenguaje corporal, con una actitud más natural y un lenguaje más heterogéneo. Me alejo del arquetipo para encarnar al profesor a mi manera, para ser una determinada versión del personaje. Como dice Merleau-Ponty, «toda vida es la invención de un papel que solo existe a través de la expresión que yo le doy». Algo empieza cuando, en la expresión de uno mismo, aflora un significado inédito que arroja una luz nueva sobre nuestro pasado, marcando el inicio de otra relación con uno mismo, de otro relato de uno mismo. Así, en la vida de todo individuo hay «momentos fecundos en los que se expresa a sí mismo con particular elocuencia, en los que carga ciertos hechos del pasado con un significado imprevisto que le es propio».

MI VIDA ANTES DE MÍ

Filosóficamente, la idea principal es la
más oscura: es la de mi comienzo.

PAUL RICOEUR,
Filosofía de la voluntad

La niña va pasando las fotos del álbum, bus-
cándose en ellas. Las más antiguas no le dicen nada.
No se acuerda de esa playa donde dio sus primeros
pasos, ni de aquella tarde en que nos habló largo y
tendido, muy concentrada, en una lengua miste-
riosa. Para sus padres, esa entrada en la condición
bípeda y el equilibrio inestable, o en el reino del
lenguaje y la improvisación poética, son momentos
fundamentales. Son sus comienzos y les conmueven,
pero la niña los ha olvidado. La conciencia tarda
mucho en agenciarse una memoria con la que fijar
sus propios comienzos. Muchos de ellos se pierden,
otros los conservan nuestros seres queridos. Para el
filósofo Paul Ricoeur, la cuestión de nuestro nacimiento es en realidad la de nuestro comienzo.
¿Cuándo empieza mi vida? O, más exactamente,
¿en qué momento empiezo *yo*? Está claro que am-

bos comienzos no coinciden, pese a lo que el relato quiere hacernos creer. Mi nacimiento se me escapa. Los orígenes desaparecen, «huyen» ante cualquier intento de captar el comienzo de una existencia o una subjetividad.

Yo soy siempre la derivada de una ecuación anterior, el producto de un movimiento que no inicié yo. Mi nacimiento me inscribe en una lógica de la necesidad. Me dieron la vida sin haberla pedido: los adolescentes ya se ocupan de recordárselo a sus padres. En su *Filosofía de la voluntad*, Ricoeur lo expresa a su manera, pero la idea es la misma; esa primera coacción –nacer– es la fuente de todas las demás: «Contiene el germen de todas las foliaciones de esa necesidad que empaña mi libertad». Ahí estoy, arrojado al mundo, siempre a la zaga de mi nacimiento, privado del comienzo y de la decisión de mi propia existencia. Soy «ya nacido», me sitúo «siempre después de mi nacimiento». Llego más tarde: «Experimento la vida como si hubiera comenzado antes de que yo comenzara nada».

Pero de lo que aquí se trata no es tanto del comienzo de mi vida en el mundo como de mi comienzo como sujeto. ¿Cómo emerge la subjetividad de ese poso vital? ¿Lo que se le escapa a mi conciencia es mi nacimiento o más bien el surgimiento de mi conciencia singular? ¿Puedo concebirme a mí mismo a partir de algo que no sea un fondo oscuro? «Nada me asegura que haya un comienzo de mí mismo y que lo que se oculta a mi conciencia sea precisamente mi nacimiento.» En realidad, es mi comienzo lo que se me escapa, más aún que mi nacimiento.

Por una extraña paradoja, dice Ricoeur, solo «a través de la subjetividad puede ser el nacimiento un comienzo»: si el nacimiento es un comienzo es porque el sujeto lo considera el punto de partida de su existencia. Biológicamente, en la esfera de la vida, el nacimiento es parte de una continuidad, de una lógica de transmisión. Se inscribe en el movimiento metamórfico de la vida. Aun así, el sujeto puede reinterpretarlo como el principio de su historia. De ese modo se convierte para él en un comienzo, deja de ser una mera continuación. Pero esta interpretación pasa por alto su contingencia, porque el nacimiento es el resultado de una «monstruosa colisión del azar, el instinto y la libertad de los demás». Dicho de otro modo, no es fruto de una decisión ni producto de una o más voluntades, sino que deriva de una imprevisible conjunción de factores que, sin ir más lejos, hizo que una fría mañana de febrero de 1917 naciera el pequeño Paul Ricoeur en Valence, completamente ajeno aún a las profundas reflexiones que un día le inspiraría tal acontecimiento: «yo no me pongo a mí mismo, he sido puesto por otros. Esta existencia bruta que yo no he querido, otros la han querido por mí; o peor aún, no la han querido exactamente». Cuando no forman parte de una crisis de adolescencia, estas cuestiones suscitan graves dudas sobre algunos de los presupuestos fundamentales de la historia de la filosofía: el propio *cogito* deberá amoldarse al «problema de la-vida-detrás-de-mí-adherida-a-mí». La aspiración de mi conciencia a fundarse a sí misma se ve obstaculizada por esa vida detrás de mí, esa vida antes de mí, la que precedió a la conciencia clara de mi propia existencia.

Ricoeur nos llama la atención sobre nuestra incapacidad para captar el comienzo del sujeto. Cuando buscamos un principio unificador, nos encontramos con la escisión de ese principio en un árbol de posibilidades, de combinaciones infinitas en las que se extravía cualquier pretensión de singularidad. Y esa seudonecesidad del yo se hace aún más incierta cuando consideramos objetivamente el fenómeno biológico del nacimiento. No soy ya una derivada, entonces, sino el resultado de una inmensa lotería: «Me considero una combinación probabilística entre un número considerable de combinaciones alternativas que no se produjeron».

En ese vértigo de probabilidades se sentiría uno tentado de renunciar a la búsqueda de los orígenes:

«No existe comienzo alguno, en el sentido radical de un "yo" que comienza a ser. Esa idea de comienzo se desvanece». A lo sumo, podríamos hablar de un «presentimiento del comienzo». Este esfuerzo por concebir el propio comienzo transporta al sujeto de vuelta a una conciencia confusa, a ese umbral impreciso y esquivo por el que asoman nuestros recuerdos más lejanos. Es un comienzo que apenas se vislumbra contra el fondo de la continuidad vital: «La más oscura conciencia me encontraba ya con vida». La conciencia subjetiva está marcada por «la oscura huella y la tierna nostalgia de esa continuidad vital». Mi propio comienzo se me escapa y me remite al vínculo humano, más que a algún gesto exclusivo del propio sujeto. No solo llego tarde a la vida que me precede, sino que la disfruto gracias a los demás. La vaga conciencia que poseo de los primeros momentos de mi vida va siempre ligada a su presencia. Es «umbilical», como dice Ricoeur, me habla de vidas entrelazadas, es conciencia del vínculo y la deuda: «Conciencia brumosa de encontrarme suspendido de otros seres, de deberles también mi ser, conciencia de mis vínculos, [...] conciencia umbilical».

El psicoanalista François Ansermet retoma esta idea en su libro *Clinique de l'origine*: «Toda existencia es siempre posterior. [...] Uno no puede crearse a sí mismo. Está siempre en deuda con lo que le precede». Y es una deuda que no se puede saldar, además. Estoy y estaré siempre en deuda con quienes me dieron la vida o me la salvaron. Parientes, amigos, desconocidos... Progenitores, cuidadores, docentes... Ante esa inconmensurable deuda, todos nos vemos atrapados en la desmesura de una reciprocidad imposible, en una dependencia simbólica absoluta. Pero precisamente porque no puedo saldarla, esa deuda se me condona. La contrapartida sería imposible. Ser deudor a perpetuidad suprime la conciencia misma de lo que uno debe. Pero también estoy en deuda con «*lo* que me ha precedido», como señala Ansermet con sutileza. Y *ese algo precedente* es una fuente de interrogación constante para el sujeto. ¿Qué será ese acontecimiento que me precede? De él no me ha quedado más que una huella corporal, una cicatriz. Si la conciencia del sujeto es umbilical, esa huella de la ruptura que es el nacimiento simboliza, según Ansermet, la imposibilidad del retorno al origen: «Toda búsqueda del origen acaba tropezando con un ombligo, con la cicatriz que deja en el cuerpo la separación inicial, el signo de la entrada en el tiempo, que postula un futuro incognoscible y un pasado inaccesible».

Esa ausencia, ese espacio en blanco, esa página arrancada –la que relata nuestro origen– es también nuestra oportunidad. Nos permite escapar a un comienzo demasiado determinante, a un origen que otros decidieron por nosotros.

Es en la página ausente de su origen donde el sujeto puede construirse. Paradójicamente, el sujeto adviene a partir de su origen ausente. [...] Cada cual se convierte así en intérprete de esa parte inaccesible. Cada cual se sitúa en el origen de lo que llegará a ser.

En virtud de esta hermenéutica personal, desplegamos nuestra propia identidad a través de un relato. Porque la perspectiva desde la que cada uno de nosotros contempla su origen es ya una afirmación, una expresión de su singularidad. Lo que hago yo de esa carencia, el modo en que la habito, la ocupo, le doy vida, es una primera forma de decir «yo», de formar parte de un proceso que yo controlo. Esa carencia se convierte así en un espacio, en un margen para que el sujeto pueda reapropiarse de su historia: lo libra de la determinación demasiado marcada que un origen definido daría al desarrollo de su personalidad. Soy yo quien decide el comienzo de mi historia, que es eminentemente subjetiva. Pero esa facultad entraña también su peligro. A pesar mío, puedo dejarme impresionar por un acontecimiento y erigirlo de forma inconsciente en principio de mi existencia. Puedo

releer esa existencia a la sombra de un trauma y re-
mitirme siempre a él, como si con él hubiese comenzado todo. Y, sin embargo, soy yo quien le doy
involuntariamente ese peso a un accidente, a una
fase de mi vida o a una relación sentimental:

> El sujeto puede entramparse durante su cons-
> trucción, quedar fascinado por un detalle de su
> historia, por un acontecimiento [...]. Puede verse
> atrapado por un solo elemento que pasa a repre-
> sentar el conjunto de esa historia [...], como por
> ejemplo un trauma, del que puede hacer un nuevo
> nacimiento [...] sin darse cuenta de que es él, el
> propio sujeto, quien así se determina. Fascinado
> por lo que cree que fue su causa, el sujeto se en-
> frenta a un destino que en realidad se impone a sí
> mismo, repitiendo esa historia en el presente y pro-
> yectando su pasado sobre el porvenir.

Sumido en ese dolor traumático, mi relato se
hace balbuceante. Tanto es así que a veces me resulta imposible.

NACÍ

La cuestión no es «¿por qué seguir?» ni
«¿por qué no consigo seguir?» [...] sino
«¿cómo seguir?».

GEORGES PEREC,
Nací

Hay comienzos de frase que piden una continuación; hay verbos que no pueden dejarse en
suspenso, que aguardan su objeto y, con él, su
sentido, su explicación. Hay historias que deben
desarrollarse. Por eso, como señala Georges Perec,
«sería difícil imaginar un texto que comenzase así:
Nací». El verbo reclama un complemento de lugar,
de tiempo, de modo, una referencia que sitúe ese
nacimiento y exprese la singularidad del acontecimiento. «Nací», así, a secas, suena raro. Si la frase
parece coja, a pesar del «punto final», es porque ese
nacimiento nos plantea un problema. El relato de
lo que viene a continuación no es fácil. Se podría
pensar incluso en «la casi imposibilidad de continuar» como un factor fundamental, que según
Perec constituye la «sustancia» de sus obras precedentes. La frase «Nací», con su inusual brevedad

y la sensación de absurdo que transmite, es sintomática. Como señala el propio Perec, rara vez deja uno ahí esa frase. «En cambio, uno puede detenerse en la fecha correspondiente. Nací el 7 de marzo de 1936. [...] Lo normal es ir más allá, pues se trata de un hermoso comienzo que exige ciertas precisiones, muchas precisiones, toda una historia.» Sin embargo, ese «hermoso comienzo» parece congelado, como si el tiempo se hubiera detenido y la narración tropezara con un obstáculo, incapaz de ir más allá de ese dato factual, administrativo. Nos vemos incapaces de transformar ese comienzo en un principio, de pasar del punto al trazado de la línea, aunque esta se trunque.

El fracaso del relato resulta tan patente como su necesidad; el reto está en la superación y el método. Y luego está la cuestión del final. ¿Dónde poner ese punto final?, se pregunta Perec. ¿A qué fin(es), en todos los sentidos del término, nos conduce el relato de nuestra propia historia? Podríamos pensar que el relato debe terminar cuando lo que se proponía contar o revelar ya ha sido contado o revelado. De este modo, el final del relato es también un signo de apertura: la existencia se desentraña, la palabra es testimonio de cierta fluidez psíquica. El relato desbloquea y estimula: resuena en los demás, ya sean personas cercanas o desconocidas, y provoca a veces reacciones imprevisibles.

Contar la propia historia es también contar la de todos aquellos cuyas vidas se entrelazaron a la nuestra, es desvelar una faceta de sus vidas que quizá preferirían no ver expuesta, pasa a veces por traicionarlos. Y es también hablar de personas que no conocemos pero que se reconocerán en nuestras palabras y se emocionarán con ellas. Si no me atrevo a comenzar el relato tal vez sea porque conozco sus posibles consecuencias. Ya se sabe que los textos autobiográficos y las novelas familiares pueden tener efectos explosivos. A menos, claro está, que lo que me arredre sea la violencia de la propia historia.

De modo que ese comienzo no se produce. Tenemos solo el principio de una frase, que se interrumpe y queda en suspenso. Es cierto que hay una fecha, pero no basta. Nada da comienzo y continuar parece tarea imposible. Tirar del hilo sería perderse en una narración laberíntica. Así que, en lugar de empezar el relato, lo abandonamos, renunciamos:

> Retrocedo quizá ante la magnitud de la tarea: devanar la madeja una vez más, hasta el final, encerrarme durante quién sabe cuántas semanas, meses o años [...] en el mundo cerrado de mis recuerdos, repetidos hasta la saciedad, hasta el hastío.

107

Si hay que retomar el relato, empezarlo de nuevo, es porque ya se emprendió y se estancó en un mar de repeticiones, en un embotamiento nauseabundo. Comenzar de veras implicaría enfrentarse a lo que no se ha dicho aún de esa historia, a lo que se nos resiste; buscar lo que las palabras ocultan más que revelan, en un doloroso juego del sujeto consigo mismo para no decir lo que no obstante escribe. A veces empezamos a escribir sin saber lo que escribiremos, casi sin querer, más allá de nosotros, por encima o por debajo de nuestra conciencia. Empezamos a escribir sin imaginar lo que ese acto nos deparará, sin comprender su necesidad. Escribimos sin conocer «la falla que esa fascinación desvela y pone al descubierto». En ocasiones, mi «historia» no es más que una muralla para protegerme de una verdad demasiado candente, una fachada que oculta ese relato inenarrable. Me cuento historias para no tener que contar la mía. Y en ese escondite al que juego conmigo mismo, esa seudoverdad solo consigue engañarme a mí. «No me falta ingenio», como bromea Perec. Pero acabo cayendo en la trampa y me convierto, a mi pesar, en el prisionero del relato.

La escritura me protege. Avanzo al amparo de la muralla de mis palabras, de mis frases, de mis párrafos hábilmente encadenados, de mis capítulos programados con astucia. No me falta ingenio. ¿Tengo aún necesidad de protección? ¿Y si el escudo se convierte en un yugo? Algún día tendré que comenzar a servirme de las palabras para desenmascarar lo real, para desenmascarar mi realidad.

Así las cosas, ¿cómo liberar la narración y comenzarla de veras sin sepultarla desde el principio? Todos pasamos quizá por momentos en que la historia se estanca. Los gestos se nos congelan, las palabras se nos atragantan, como si nos cuestionaran a nosotros y a nuestra realidad. Esa parálisis nos transforma en seres casi ficticios. No podemos continuar, nos quedamos atascados en el principio del relato, incapaces de anclarnos en la materialidad del mundo. No soy ya un autor, sino un personaje de historias ajenas, como escribe Fernando Pessoa en *El libro del desasosiego*:

> Sigo inseguro y alegórico, irrealmente sintiente. Soy como una historia que alguien hubiese contado y, de tan bien contada, anduviese carnal, pero no mucho, en este mundo novela, en el principio de un capítulo: «En este momento, se podía ver a un hombre avanzar lentamente por la calle de...». ¿Qué tengo yo que ver con la vida?

El desasosiego es la sensación penosa de quedarse en el umbral de la existencia, de planear sobre la propia vida. Es no lograr entrar en nuestra propia historia y formar parte de la realidad. Es la dificultad de sentirse partícipe, tejido a la urdimbre del mundo.

PROMESAS DEL ALBA

Con el amor materno, la vida te hace al
alba una promesa que no cumple jamás.

ROMAIN GARY,
La promesa del alba

¿Cómo puede el comienzo de una vida moldear
el resto de esa existencia? Los patrones afectivos de
la infancia, en su estabilidad o su desmesura, pueden aumentar las expectativas. Más tarde tratará
uno de encontrar la misma tonalidad emocional.
Hay quien vive en la perpetua nostalgia de los
comienzos, de una infancia marcada por un amor
incondicional. A veces nos quieren demasiado,
como decía Romain Gary. En *La promesa del alba*,
Gary refiere cómo su primer y exclusivo amor
maternal le genera el anhelo de otro amor de igual
intensidad, creando de paso un vacío imposible de
colmar. Ese amor total no encontrará nunca un
equivalente, y todas las aventuras sentimentales del
joven protagonista no serán más que remedos de-
cepcionantes de aquel primer amor de madre. La
promesa de la infancia, la de un amor absoluto que

desafíe incluso a la muerte, no puede cumplirse. Y esa falsa bendición le quita todo su sabor a la existencia. Su recuerdo es un tormento.

No es bueno que a uno le quieran tanto, tan joven, tan temprano. Te malacostumbra. Crees que ya ha llegado. Crees que existe en otra parte, que lo puedes encontrar. Cuentas con ello. Observas, confías, esperas. Con el amor maternal, la vida te hace al alba una promesa que no cumple jamás. [...] Fuiste muy temprano a la fuente y te lo bebiste todo. Y cuando vuelves a tener sed, por más que busques ya no quedan pozos, solo espejismos.

Cuando la totalidad se nos da desde el principio, las experiencias posteriores no podrán ser más que tristes sombras de aquella. El inmenso amor de Mina por su único hijo es una fuente de ilusiones. Gary nos pone en guardia contra el amor de una mujer, cuando el único objeto de ese amor es su propio hijo. Esa madre tan amante no prepara a su hijo para la decepción del mundo, para la mediocridad de los otros, para su crueldad o su indiferencia. Nunca volveremos a sentirnos tan queridos, puede que ni siquiera seamos capaces de volver a amar de esa manera.

Los comienzos grandiosos no tienen repetición

posible; cualquier duplicado acaba en desengaño y el mundo entero se convierte en una copia lamentable, torpe y gris. Hemos tocado ya lo absoluto y eso es algo de lo que no hay forma de recuperarse. El comienzo es ya el final, es todo lo que la vida podía dar de sí. Crecer rodeados de un amor excesivo nos hace esperar un mundo que prolongue esa experiencia de fascinación y envolvimiento. Probablemente sea esa la causa de nuestra nostalgia de los comienzos: el recuerdo real o fantaseado de un amor ideal que conocimos en nuestra infancia. No podemos dejar de esperar aquello de lo que ya hemos gozado.

Y aun así, como si la línea de la esperanza hubiera de seguir trazándose en nosotros silenciosamente, acabamos por creer en otras promesas, en un nuevo amanecer, en un retorno del amor. El tiempo es irreversible, es cierto, y nada nos protege de su erosión. Sin embargo, en lo más profundo del dolor y la separación habita la esperanza secreta de una «última cosecha», como la llama el novelista Nicolas Mathieu. Porque lo que ha terminado continúa en nosotros, esa vida «indígena» del amor que llevamos dentro persevera en sus germinaciones silvestres y espera impaciente a la primavera. La espera es esa vida paralela, más viva tal vez, más habitada:

113

[...] todo amor es una tribu indígena, con sus ritos, su gramática, sus enemigos, sus sacrificios, con las siembras que nos devolverá la primavera. Y yo estoy lleno de esas semillas que llevan dentro, oculta y frágil, la posibilidad de una última cosecha. Estoy preparado, descuida. Un día realizaré ese gesto ideal, circular, y arrojaré a la tierra destripada la simiente de nuestras horas perdidas. Entretanto, espero pacientemente la hora de volver a empezar.

Entretanto, ensayamos ese gran gesto, imaginamos las dádivas de una tierra feraz. Trazamos el círculo imaginario de una felicidad futura.

GOZAR SOLO DEL COMIENZO

No deseo del amor sino el comienzo.

MAHMOUD DARWISH,
Once astros

Podríamos sentirnos tentados de vivir tan solo los comienzos, las primeras veces, con las emociones fuertes que nos producen. Con sus balbuceos, sus roces, sus tímidas vacilaciones, sus escalofríos. Con las señales del sentimiento incipiente: ese momento en que «se encontraron sus miradas». De la melodía no retenemos entonces más que las notas iniciales. Nos quedamos en la despreocupación de los primeros instantes. Aventurarse más allá sería arriesgarse a perder la levedad y la gracia de los comienzos del amor. Solo conservamos de ese amor su primer vuelo, su destello luminoso, y sorteamos las intermitencias de la pasión, evitando enredarnos en una historia. Nos quedamos, como el esteta, en la superficie de la realidad, en la cresta del sentimiento. No queremos más que los comienzos, las chispas, los instantes sobresalientes. Nos hacemos así con un puñado de comienzos, con sus pequeñas emociones que aceleran el pulso, con su nerviosismo dichoso. Y por medio de esos comienzos de romance, de esos centelleos efímeros, brindamos un poco de esplendor al mundo. Bordamos la escena inaugural y, concluido el primer acto, desaparecemos.

¿Será por desengaño o por simple cautela ante el poder devastador de la pasión? Su ardor nos destruye, somos incapaces de soportarlo mucho tiempo. Es puro desgaste, nos extenúa, nos consume por dentro como un incendio interior. En este sentido, tal vez debiéramos desconfiar de los comienzos. A la *Fedra* de Racine le basta con vislumbrar a su «soberbio enemigo», a su hijastro Hipólito, para enamorarse perdidamente de él: «lo conocí, me sonrojé, palidecí al mirarlo; la turbación se apoderó de mi alma extraviada; mis ojos no veían ya, no podía hablar; sentí arder y helarse todo mi cuerpo».

Todos sus esfuerzos por alejarlo de ella serán en vano. Mentar ese amor monstruoso es llamar a la tragedia. Romper el silencio, confesar ese «furor», es condenarlo y condenarse con él. El relato empieza con ese giro, con ese vuelco: la confesión en el primer acto es ya un crimen, de modo que el propio comienzo encierra su final. «¿Por dónde empezar?», se pregunta Fedra, cuando empezar es anunciar ya el horror que se avecina.

Afortunadamente, hay comienzos en suspenso que no nos conducen a la catástrofe. Algunas historias no son sino comienzos. Y tal vez su atractivo esté precisamente en saberlas sin continuidad, en reconocerlas como meros comienzos. Tomemos por ejemplo a un hombre y una mujer, a dos extraños que no volverán a verse. La fugacidad de su relación es la que le confiere su poesía, que es más de la que cabía esperar. Se trata de una aventura de una noche: «estos dos jóvenes, que no pueden ser sino extraños el uno para el otro, se confunden por una noche», como observa de lejos Jean-Bertrand Pontalis en *El amor a los comienzos*. Ese encuentro, definido de inicio por su caducidad, ¿no nos habla también de la belleza que existe en la confusión efímera de cuerpos y corazones? Esas relaciones «sin un mañana» nacen para ser solo comienzos. El lugar de paso o la circunstancia insólita impiden que el encuentro se prolongue más que unas horas. Y puesto que se produce en el punto de intersección de dos líneas que no deberían haberse cruzado, ese punto será invisible, se perderá en la historia. Los protagonistas, que no compartirán más que ese episodio fugaz, viven el momento con suma intensidad, con esa verdad que es quizá el privilegio de esos comienzos intemporales. En su frágil unión está la fuerza del encuentro, tenga este el futuro que tenga. Es un encuentro reducido a su esencia.

¿De dónde viene el amor a los comienzos sino del comienzo del amor? ¿De ese amor sin consecuencias y quizá, por eso mismo, sin fin?

El fin inminente de ese tiempo compartido da mayor intensidad a la presencia del otro y fija en el recuerdo esos momentos en suspenso. Si ese *amor interruptus* perdura después, inalterado, en la memoria de quienes lo compartieron, ¿no será porque estos sabían que no traería «consecuencias»?

MIL PRIMERAS VECES

La primera vez. ¿Hay una primera vez?
¿No será tan solo una de las mil primeras veces en las que todo empieza
y todo acaba?

SANTIAGO AMIGORENA,
Les premières fois

¿Se pueden vivir los comienzos del amor? Quien
se enamora de veras siempre se pierde el comienzo
de ese amor, porque se encuentra «arrebatado», fuera de sí. El comienzo del amor es un acontecimiento
al que no puedo asistir, del que soy más objeto que
sujeto, que vivo sin darme cuenta. El amor se mani-
fiesta inicialmente por debajo de mi razón, antes de
tener oportunidad de expresarlo o tomar conciencia
de él. Para Barthes, el comienzo del amor es un
«arrebato» en los dos sentidos del término, como
analiza en sus *Fragmentos de un discurso amoroso*. En
el amor me siento hechizado, atrapado en las garras
felices de un sentimiento que me desposee de mí
mismo. Esa liberación de uno mismo es de hecho
parte del placer que proporciona. Nunca soy del todo
consciente del momento en que me enamoro: para
cuando me percato del flechazo, ya he sido herido.

119

Llego tarde a mi propia historia, a mis deseos, a unos sentimientos que se han dilatado en secreto:

> Para mí, por el contrario, esta historia *ya* ha tenido lugar; porque el acontecimiento es el arrebato del que he sido objeto y que trato (en vano) de reproducir a posteriori. [...] El rapto amoroso (puro momento hipnótico) se produce *antes* del discurso y *tras* el proscenio de la conciencia.

La conciencia, pasmada, no se entera de lo que se trama en su ausencia. No soy yo quien actúa, ni siquiera quien responde: de forma más primitiva y más anónima, «se le pide a la piel que responda», por citar la hermosa expresión de Barthes. La respuesta carnal, inmediata, precede a toda representación, a toda sospecha. El sentido solo emerge de forma tardía, en la síntesis de todas las señales, pruebas y evidencias que pasaron inadvertidas. Solo «descubro» mis sentimientos cuando ya han invadido el ámbito de mi conciencia, hasta el punto de convertirse en el núcleo de mi vida, como observaba Merleau-Ponty en un pasaje de su *Fenomenología de la percepción*:

> Descubro que estoy enamorado. Es posible que nada se me hubiera escapado de estos hechos que tienen ahora un valor probatorio: ni ese movimiento

más vivo de mi presente hacia mi futuro, ni esa emoción que me dejaba sin palabras, ni esa impaciencia por que llegara el día de la cita. Pero no había hecho aún el cómputo, o, si lo había hecho, no pensaba que se tratase de un sentimiento tan importante, y ahora descubro que ya no puedo concebir mi vida sin este amor.

Ese movimiento que se da en mí, esa transformación de mis pensamientos y acciones, esa orientación de mi atención, esa impaciencia, esa tensión interior, tenían en efecto un objeto común, aunque yo no me había enterado. Lo que se vive se desconoce. Me descifro siempre con suma lentitud y el sentido que se esboza en mi fuero interno solo se me presenta mucho más tarde en toda su obviedad. Es evidente que, si llegamos siempre tarde a nuestros sentimientos, nos falta la dimensión inaugural de determinados momentos. La primera vez no se vive quizá sino en una fase posterior, cuando la conciencia vuelve a ella, cuando el acontecimiento se convierte realmente en un objeto de la conciencia. Así pues, la «primera vez» no lo es tanto en sentido cronológico como psicológico. Es la modalidad de la conciencia, su atención al acontecimiento, la que hace de esa «segunda» primera vez la verdadera «primera vez».

También se podría argumentar que un mismo

acontecimiento puede revivirse del mismo modo que la primera vez, es decir, con la misma intensidad, la misma sorpresa, el mismo rapto: leo y releo cierto libro y cada vez siento una viva emoción, sin que mis continuas relecturas mermen la fuerza y singularidad de cada una de ellas. La idea de la primera vez se asocia a una intensidad, una especificidad y una fuerza de la experiencia, más que a un punto cronológico. La primera vez puede repetirse indefinidamente, de hecho, cada vez que me veo embargado por ese frenesí particular. Así, por paradójico que parezca, la primera vez no es más «primera» que las siguientes, puede que incluso lo sea menos, puesto que aún no sabemos reconocerla, como afirma Santiago Amigorena en su novela *Les premières fois*:

> ¿No será la primera vez la que lo es menos, en realidad, dado que después de esa primera vez siempre hacemos el amor otras primeras veces? ¿No es el descubrimiento de las posibilidades y los límites del propio cuerpo y el del otro igual de deslumbrante cada vez, igual de pasmoso?

La primera vez no es tanto el comienzo de una historia como la matriz de una serie en la que cada momento es una variación sobre el mismo tema, aun cuando constituya una experiencia radicalmente distinta. La enésima primera vez nos genera la misma aprensión, la misma sorpresa, la misma expectación, la misma fiebre. Tal vez sea eso lo que define el paradigma de la primera vez, que se caracteriza por su forma inaugural y su poder de ruptura, que es siempre un punto de inflexión vital, aunque luego tengamos «mil veces» la misma sensación:

La primera vez. ¿Hay una primera vez? ¿No será tan solo una de las mil primeras veces en las que todo empieza y todo acaba?

La primera vez hace aflorar la última vez que la precedió. Rompe la continuidad del tiempo. Instaura un nuevo calendario, con un antes y un después de lo que empieza y lo que, de hecho, acaba de terminar. La primera vez anuncia implícitamente una última vez. Llega siempre después de un final que solo se reconoce en retrospectiva, un final del que no somos testigos, que transcurre en silencio, eclipsado por el ruido que acompaña a todo comienzo. La primera vez, por encima de todo, rebosa de promesas. Se puede hablar de una «primera vez» cuando un encuentro despliega todo un espectro de posibilidades, cuando abre un nuevo universo de afanes, una multiplicidad de imágenes y de horizontes. Un encuentro es una primera vez por su poder creativo. Por la forma en que marcará mi vida, por la huella que dejará en mí. Por eso cada amor, a cualquier edad, puede aspirar a ser el primero.

DE NUEVO Y COMO SI

> Volver a decirlo es fácil, pero ¿y decirlo de nuevo por primera vez?
>
> MAURICE BLANCHOT,
> *La espera el olvido*

Retomo el verso, lo repito sin balbucir, sin pifiarla. Vuelvo a empezar hasta que me sé el poema de memoria. Rectifico, me corrijo hasta que lo consigo. Vuelvo a empezar, una y otra vez, hasta la excelencia. O la renuncia. Pero hay otras formas de comenzar de nuevo. Lo que viví en otro tiempo, en otro lugar, de otra manera, puedo redescubrirlo y emprenderlo una vez más, como si no lo hubiera vivido nunca. Cuando ya no parecía posible. Como si hubiera un tiempo para los comienzos y, llegado un punto, no nos quedara más alternativa que una apacible o monótona repetición. A veces, sin embargo, comenzamos de nuevo y es *como si* empezáramos de cero. Recobramos un impulso que creíamos perdido, vivimos una pasión o una amistad que nos parecía circunscrita a la infancia o la juventud.

A los comienzos las edades les traen sin cuidado: los sucesivos estratos vitales se impregnan mutuamente. Y es por eso por lo que, mediada nuestra vida, nos encontramos haciendo el idiota por amor, como si volviéramos a tener veinte años. Tirándolo todo por la borda, ajenos a cualquier atadura. Hay historias que comienzan *como si* fuera la primera vez. Con una intensidad tal que las veces anteriores palidecen, se funden en su resplandor. La primera vez barre con el pasado y con toda otra primera vez. Por eso, tenga la edad que tenga, puedo amar como no había amado nunca a nadie, transportado por un ardor adolescente. De pronto, todo está aún por comenzar. El horizonte se abre, los proyectos se multiplican, vuelvo a tener dieciséis años.

Lo que ya viví puedo revivirlo años después, con inocencia, con candor, en el olvido más absoluto de su pasada familiaridad. Paradójicamente, la fuerza del nuevo amor se nutre de ese cúmulo de experiencias que atesoro para redoblar su intensidad y, de paso, eclipsarlas por completo. Nada de lo que había vivido hasta la fecha parece comparable. Sin embargo, si la emoción de la primera vez cobra semejante fuerza es quizá porque se alza sobre un grueso sedimento de experiencias afines. En lugar de atenuarse a causa de la repetición, se hace más intensa. Redescubrimos entonces la novedad radical de los comienzos, por muy hastiados que nos creyéramos, por indiferentes e insensibles a unas emociones juveniles que se apolillaban en algún armario o sobrevivían en viejos álbumes de fotos. Todavía podemos sorprendernos, exaltarnos, conmovernos ante una amistad incipiente o un nuevo amor. La «primacía» de la experiencia parece suprimir el pasado entero.

Nadie está a salvo de esta clase de deflagraciones interiores, nadie es demasiado viejo para dejarse sorprender por lo inesperado. Ni las experiencias están asociadas a edades específicas ni las emociones pierden inevitablemente su fuerza con el paso del tiempo. Deberíamos replantearnos la relación que existe entre el tiempo y la pasión, porque vivir intensamente no es prerrogativa de una juventud que termina demasiado pronto. Lo que nos revitaliza es la fuerza explosiva de lo inesperado.

Rejuvenecer es posible y a veces hay que intentarlo. La exhortación no procede de un anuncio de cosméticos, sino de la obra de Gaston Bachelard, un filósofo barbudo y pícaro, de voz ronca. Para Bachelard, la juventud consiste sobre todo en cierta impertinencia del espíritu. Nos hacemos viejos muy pronto, es cierto: en cuanto dejamos de sorprendernos y sentir curiosidad. Nuestra edad mental depende sobre todo de nuestros prejuicios, es decir, de nuestra tendencia a adoptar ciertos patrones de interpretación de la realidad, por costumbre, por comodidad, por pereza o por educación, patrones en los que nos instalamos y que a veces nos dificultan el acceso a la verdad. «Frente a lo real, lo que creemos saber con certeza ofusca lo que debiéramos saber», afirma Bachelard. Ofuscar es oscurecer, enturbiar. Observamos la realidad a través de una bruma de conocimientos dudosos y nos contentamos con esa imagen turbia. Para acceder a la ciencia hay que «rejuvenecer espiritualmente». Esta filosofía se inscribe en una epistemología de los comienzos iniciada por Descartes, pero cabe preguntarse si no podríamos aplicar una lógica similar al ámbito de los sentimientos. Lo que es cierto es que nos sentimos emocionalmente rejuvenecidos cuando se nos acelera la maquinaria psíquica a raíz de un encuentro.

«ESTAR EN LA PRIMERA VEZ DE LAS COSAS»

> Me hacía revivir lo que nunca había imaginado que reviviría.
>
> ANNIE ERNAUX,
> *El hombre joven*

En *El hombre joven*, Annie Ernaux relata su historia de amor con A., un hombre treinta años más joven que ella, con quien redescubre el placer de «estar en la primera vez de las cosas». Mientras el joven pasa por toda una serie de primeras veces junto a la narradora, ella las revive, las recrea. Ella las compone, las provoca. Revivir no quiere decir en este caso repetir algo de forma idéntica, sino que implica cierta distancia. El placer que siente es comparable al del director de cine o el demiurgo. Es un placer consciente, gracias al desdoblamiento que posibilita el hecho de haber representado ya las mismas escenas. Ernaux no se ve inmersa en ellas del mismo modo, no se queda atascada en la densidad del acontecimiento, sin poder desprenderse de él. El amor es menos «involuntario», más lúcido, menos enredado en lo inmediato que la primera vez, puesto que estamos volviendo a vivirla. La intensidad es la misma; es solo que la narradora conoce ya el guión y es capaz de improvisar variaciones en torno a una trama que ya está escrita:

> A diferencia de la época en que tenía dieciocho o veinticinco años, cuando me implicaba de pies a cabeza en lo que me sucedía, [...] con A. tenía la impresión de estar representando de nuevo escenas o gestos que ya habían tenido lugar en la obra de mi juventud. O incluso de escribir/vivir una novela cuyos episodios componía con esmero.

Así se confunden las épocas, se superponen las edades y los periodos biográficos. A. cumple la función de «abrir» el tiempo. Le permite a la narradora regresar al pasado, desviarse de una edad a otra, pasar de la conciencia confusa de una época a otra:

> Era el portador de la memoria de mi primer mundo. Volvía a tener diez, quince años [...]. Era el pasado incorporado. A su lado recorría todas las edades de la vida, de mi vida.

El placer está también en la sensación de escapar a la naturaleza irreversible del tiempo. Lo temporal se hace dúctil, las edades se suceden sin someterse a la implacable linealidad del tiempo, expresando nuestra temporalidad psicológica real. Porque el tiempo interno no es horizontal, sino vertical: distintas edades cohabitan en nosotros, facilitando o perturbando nuestra relación con el presente. El tiempo se recorre de pronto como el espacio, ha dejado de constreñirme: gracias a la pasión amorosa, me reencuentro con sentimientos juveniles, con actitudes y situaciones olvidadas. Me libero del flujo del tiempo, de la lógica etaria, social y biológica. La narradora de *El hombre joven* rechaza los indicadores temporales, escogiendo un espejo rejuvenecedor en ese doble más joven que ella, y nos plantea también una cuestión fundamental: ¿cuál es nuestra verdadera edad? Si los bloques de vida se superponen en nuestro interior sin desaparecer, si podemos reencontrarnos tan fácilmente con esas emociones, con esa juventud que llevamos dentro, lo censurable es la mentira de los cuerpos, el engaño de las apariencias. Nuestra verdadera edad es la de nuestros entusiasmos y nuestras pasiones.

Pero esa pasión amorosa es también una relación particular con el tiempo, pues se circunscribe al presente: la narradora se prohíbe imaginar siquiera su prolongación. Su historia es el lujo del puro presente. Esa relación, cuyo futuro descarta de antemano, posee la intensidad de lo que no tardará en desaparecer.

Volver a edades que uno creía sepultadas en el olvido, redescubrir el ardor de la pasión, el «alboroto juvenil», hablar el lenguaje de una generación que no es la nuestra, reírnos de esos puntos de referencia cronológicos que son nuestros rostros, nuestras expresiones, nuestras posturas. Tomar prestada por un momento la edad de otro y, como hacía Dorian Gray, mirarse en el rostro del joven que nunca envejecerá. Mientras dure el amor, suspender el tiempo, negarle cualquier asidero, extirparse a la propia edad y volver a ser la persona que era, esa «muchacha escandalosa» que desafía el orden de los prejuicios y se enfrenta a las miradas «reprobatorias» con una «sensación de triunfo». Esta vez el escándalo no consiste en oponerse a las dominaciones habituales, las de lo masculino y lo plural, sino en su papel de iniciadora en la historia de ese hombre, en ser la primera *mujer* entre una multiplicidad de chicas, la única tal vez.

Al término de esa aventura amorosa se afirma el vínculo que existe entre la identidad de la narradora y lo que ella interpreta como la singularidad de su deseo. Más allá de las múltiples figuras amadas y de la intermitencia de los objetos del deseo, lo que la constituye es la continuidad de ese deseo. Lo que perdura en mí, a pesar de la discontinuidad y la fragmentación de la existencia, es esa fuerza del deseo que hace de la vida «un extraño y continuo palimpsesto». Este juego temporal tiene su dosis de vértigo. Y hay también cierta fantasía en el hecho de reírse de lo irreversible, en volver a la vertical de un momento del pasado, siguiendo una espiral embriagadora, y regocijarse en el «misterio del nuevo comienzo», como dice Jankélévitch.

Girad, girad, caballitos de madera... Todo lo que gira es una invitación a la alegría y a la danza. Los hombres sienten una profunda satisfacción al volver sin cesar a su punto de partida; es una fuente inagotable de diversión.

A los adultos, como a los niños, les gusta dar vueltas sobre sí mismos o en torno a su pequeño mundo. Su búsqueda de nuevos mareos recuerda a los tiovivos.

VERSIONES

He ido a topar por casualidad con la versión de *Summertime* de Janis Joplin. Conocía la de Ella Fitzgerald, pero esta me conmueve mucho más de lo que imaginaba. Joplin me atrapa con su voz potente, grave, a caballo entre la cólera y la tristeza, teñida de desesperación contra el punteo de la guitarra. De hecho, es como si escuchase la canción por primera vez. Mi emoción es nueva, porque la interpretación me ha cogido desprevenida: allí donde esperaba la redondez de un timbre familiar, esa voz quebrada me parte en dos. Puede que la emoción se deba a la brecha, a la distancia que media entre las dos versiones, que no dejo de superponer mentalmente. Basculo entre una y otra y me vengo abajo.

Siempre cabe optar por la versión, por retomar un tema conocido de otra manera. Al fin y al cabo, un ademán o una palabra nunca se repiten de forma idéntica. Nadie puede bañarse dos veces en el mismo río, como decía el sabio Heráclito. Una versión no es una repetición estricta, sino la introducción de una diferencia, la inserción de un nuevo motivo o una variación en la línea melódica. Propone una interpretación personal del mismo tema, le confiere una intención distinta, le da un tono cálido o lo envuelve en una voz ronca que se quiebra en los agudos. Perturba o suaviza. Permite escuchar de otra manera una partitura que ya conocíamos, sacando a la luz una de sus muchas lecturas posibles.

Podríamos pensar nuestra vida conforme a esta forma de variación melódica, en que la diferencia surge en un contexto familiar. Lo inesperado, lo inaudito transforma por completo la costumbre que nos llevaba a anticiparnos inconscientemente a la canción. De pronto volvemos a escucharla y oímos una palabra en la que no habíamos reparado, un nuevo énfasis, otra inflexión. Un silencio o una síncopa generan una suspensión, un desfase, y el resultado es una canción totalmente nueva, una emoción distinta.

¿Qué nos impide retomar una melodía bruscamente interrumpida y proponer una nueva versión? ¿Por qué no habríamos de poder versionarnos? Podemos cantar la letra de siempre al compás de una nana o acompañada de riffs de guitarra eléctrica, introducir toda clase de variaciones de uno mismo, descompasarnos, dar a lo habitual una nueva coloración o sumirnos en lo banal después de la tragedia. ¿Qué posibilidades se nos presentan después de la catástrofe?

En sus cursos de la Sorbona, Merleau-Ponty subrayaba la diferencia entre el teatro y la vida. Sobre el escenario siempre es posible empezar la obra desde el principio y corregir la frase que uno había balbucido en la última representación. «En la vida no se puede corregir nada», todo lo que hacemos es absoluto, sostiene el filósofo. «La vida va en serio», al contrario que la ficción, que transcurre «como si». De ahí que, en última instancia, exista cierta «mesura» en la relación con el espectador o el lector, mientras que la relación con el prójimo es siempre «desmesurada», porque es del todo imposible fingir que un acontecimiento no ha tenido lugar. El carácter absoluto de la vida real se debe a la imposibilidad de repetir ninguna escena. Cada una de ellas será lo que haya sido, por mucho que nos esforcemos en sepultarla bajo otras mil. La palabra dicha no puede desdecirse, ni se puede rebobinar la película una décima de segundo. La ocasión que dejamos escapar no volverá a cruzarse en nuestro camino; el momento que pasa se ha perdido para siempre. Y, aun así, volvemos a empezar una y otra vez, retejiendo la trama de la vida tras cada nuevo jirón.

Porque es posible salir del largo invierno y recobrar la dicha.

La cuestión del comienzo es también la del nuevo comienzo. Se nos plantea en la tensión trágica de la vida que vacila, que está a punto de irse a pique y se mantiene a flote a duras penas, lastrada por el peso del dolor. ¿Qué es lo que nos agarra entonces por el cuello y nos saca de la desesperación?

ATRAVESAR LA NOCHE

No se puede estar de luto por quien
sigue con vida.

CLAIRE FERCAK,
Ce qui est nommé reste en vie

La noche cae de forma repentina, como ocurre
a veces en los días de tormenta. Pero esta es una
noche demencial, más negra que las pesadillas
infantiles, una noche catastrófica que pone el mundo patas arriba y nos trae la certeza de que el día
no volverá a lucir del mismo modo, de que «nunca [volveremos] a ser la misma persona». Una palabra incomprensible, desconocida, un anuncio,
un diagnóstico, y nuestra vida se sume de pronto
en esa «hipernoche». En su novela *Ce qui est nommé reste en vie*, Claire Fercak nos adentra en la
conmoción que producen la enfermedad atroz y el
duelo. Tras conocer el diagnóstico de la patología
rara e incurable que aqueja a su madre, la narradora se hunde en un pozo de la más absoluta oscuridad, donde no penetra ni un rayo de luz. Y en esos
abismos del pesar y la desesperación, en la certi-

dumbre de la pérdida inminente, descubre el dolor de la impotencia. ¿Cómo vivir en esa «noche atemporal», en esa suspensión en la que todo está perdido, en la que ella misma, como la enferma a la que vela, está «desahuciada de antemano»? ¿Cómo sobrevivir a esa prórroga? ¿Cómo seguir jugando la partida, en fin, cuando uno ya conoce el resultado?

La vida es un río cuyas aguas corren en torno a la narradora, que no consigue integrarse ya en el flujo de una existencia normal, la de antes, que se le ha hecho insoportable. La separación que siente es múltiple: por un lado, se ve apartada de su mundo habitual, de los demás, que no entienden lo que está viviendo; por el otro, nota que se ha distanciado mucho de sí misma. Ha dejado de ser quien era, es la triste sombra de sí misma, una actriz que carga con el papel que solía ser el suyo. Finge, pero no puede tomar parte en la realidad, no puede soportarla. Se ha ausentado del mundo, aspirada por ese agujero de negrura, por esa existencia opaca, nebulosa.

¿Cómo conservar el vínculo con una persona cuando se suprime el pasado común? En tal caso es preciso reinventar la relación, pues «no se puede estar de luto por quien sigue con vida», y afrontar la paradoja de ese «nuevo comienzo» que nos impone la enfermedad: «aprender a conocer a la persona amada». Esa especie de prórroga da cabida a otra forma de amor, a un amor pertinaz que se empeña en reconocer al ser querido «bajo su nueva envoltura», pese a la transformación física, pese a su propio «olvido de quien fue». La narradora reconoce a su madre querida, cuya enfermedad ha transformado en «un ser desafinado», en los detalles más sutiles: en un rasgo de humor, en una entonación particular. A pesar de la máscara deformante que la enfermedad ha colocado sobre su rostro, «el amor que siente al mirarlo sigue intacto».

Corren para ella tiempos sinuosos, en los que parece avanzar «en sentido contrario al habitual de la existencia». Ese desorden cronológico, en el que trata de acompañar a la enferma, es la marca de su lucha por conservar una mínima porción de su identidad, por zafarse del caos temporal y el desbarajuste de la relación que las une. Se trata de acompañar a ese ser querido en sus vaivenes, en sus brincos temporales, de «acercarse a sus trastornos». Y también de recrear el amor, de hacerlo resurgir, de rescatarlo del olvido en el que ha ido a caer. ¿Qué sucede cuando la memoria desaparece? «La persona renace, vuelve a empezar de cero.» Lo que viene a decir, como añade Fercak con crudeza, que «se ha olvidado parcialmente de ti, te ha borrado a medias, puede que tenga la impresión de acabar de conocerte». Tal es la violencia de esa tabla rasa, que liquida todos los sentimientos, hasta los que parecían más atávicos e inalterables. Y luego llega esa duda desgarradora: si mi madre no me reconoce, si soy una extraña a sus ojos, ¿me seguirá queriendo? ¿Va a privarme también de su amor la enfermedad? «Puede que no me tenga mucho aprecio, así que hago lo que está en mi mano por hacerme querer y ganarme de nuevo el puesto de hija suya [...].»

Este comienzo de otra relación no abre el tiempo, sino que lo duplica. La relación no puede ser la misma, pero en cierto modo se le parece, en la sutura de ese vínculo. «La duración se disuelve en lugar de extenderse, cobra espesor; el momento se repite, vivido ya pero nunca exactamente igual.» Y esa réplica del lazo afectivo perdura, sobrevive al difunto, que sigue viviendo en nosotros: «Los difuntos existen dos veces: la primera en vida, la segunda en el desbarajuste interior que nos provocan».

Ese yo que emerge de la noche se ha consumido en ella, pero se le presenta ahora de nuevo la posibilidad de algo parecido a una vida. Esa noche aún la lleva dentro, qué duda cabe, pero ha desarrollado una especie de resistencia que ha ido tomando forma en el caos:

Estás desmejorado, mustio, medio deshecho, pero sigues firme. Una energía inesperada, una resistencia sibilina y frágil te anima y te sostiene. [...] En esa prolongación de la noche has resistido, has encontrado una nueva forma de vida; no te cura ningún mal, pero es una vida posible cuando ninguna otra lo es.

Así, sobre la trama de la tragedia, se esboza ya el motivo de una nueva existencia en torno a la presencia constante de ese amor, de esa pena inconsolable. Lo posible reaparece sobre el telón de fondo de la noche que nos habita, componiendo un trenzado incomprensible pero real de la pérdida y el movimiento irresistible de la vida.

EL DÍA DESPUÉS

Era verano por última vez, por primera vez era verano sin ti.

BRIGITTE GIRAUD,
Vivir deprisa

Y luego están las primeras veces que preferi-
ríamos no haber vivido, las primeras veces que
suceden a la pérdida, el cómputo de los días *sin* un
ser querido. Todas esas primeras veces sin una madre, sin un padre, sin una compañera, sin un her-
mano, sin una amiga. Personas que se han ido, que
nos han dejado, de las que los avatares y accidentes
de la vida nos han separado.

Las primeras noches a solas, sin un hijo, tras
firmar la custodia compartida, el dolor de la separación impuesta y de todas sus primeras veces que
nos perderemos porque no caerán en nuestra se-
mana. El día siguiente en el instituto, sin un ami-
go que ha muerto repentinamente durante la noche.
El día después de la catástrofe. El silencio en la
casa. Los objetos congelados. La ropa que ya no
volverás a ponerte. El primer verano sin ti, las

primeras vacaciones, la primera Navidad, la primera vez que el hijo vuelve al colegio sin su padre, ese primer cumpleaños que no celebraremos juntos, el primer piso donde viviré sin ti, porque hasta ahora había vivido siempre contigo, había compartido contigo todas mis inquietudes y mis esperanzas. A partir de ahora tendré que afrontar a solas esas primeras veces, transidas de tristeza, de cólera, preñadas de la nostalgia de otra vida, que en su momento no era consciente de lo fácil y grata que me era. Un accidente y todo se transfigura.

Esa es la trama de *Vivir deprisa*, una obra en la que Brigitte Giraud desgrana la letanía obsesiva de los «y si», rebobinando mentalmente los momentos que condujeron a la tragedia, visionando de nuevo cada escena, identificando todas las bifurcaciones en las que podría haberse desviado. La lluvia, un ligero retraso, el motor demasiado potente de aquella moto, todos los factores que podrían haberle ahorrado a su compañero la muerte violenta que le aguardaba. La frase lapidaria de una enfermera cercena su existencia: «Fue ella quien pronunció la frase que partió mi vida en dos: "No pudimos hacer nada". La frase que marca un antes y un después. Un pliegue en el tiempo, afilado como una cuchilla». El tiempo ha cambiado de densidad: es ahora un tiempo sólido, fijo, escindido. Hay en él algo irreparable, definitivo, un pasado al que ya no se puede volver sino a través del pensamiento, en una repetición convulsiva del guión, en la obsesiva enumeración de los «y si». Aunque también cabe volver a él mediante la escritura, para ralentizar ese círculo vicioso infernal, delirante, la desquiciada investigación de esas ínfimas flexiones que condujeron al accidente, el bucle infinito de los detalles, la sucesión interminable de «preguntas nocivas» que uno se hace. La vida ha dejado de ser fluida, abandona su continuidad y su sosiego y se congela, quebrada por la catástrofe. El tiempo ha dejado de transcurrir normalmente. De ahora en adelante tendrá la marca de ese pliegue en el corazón de nuestra existencia, que hará de todo momento futuro un cruel recordatorio de la pérdida. La historia se cierra, la vida se pliega sobre sí misma. Todo se dibuja ahora en esa simetría imperfecta en la que destaca el vacío que ha dejado la persona ausente. Un vacío que ocupa todo el espacio.

Vuelven los aniversarios, pero ya no nos traen ninguna alegría. Nos gustaría creer en una temporalidad circular, en un eterno retorno, pero el rigor cíclico de los calendarios hace caso omiso de las mutaciones emocionales de un acontecimiento, de la nueva melancolía que lo empaña. Es un tiempo abstracto y necio, que ignora la ruptura de lo irreversible. Como si todos los niños hubieran de

147

crecer, como si los padres fueran eternos, como si los éxitos se sucedieran a discreción y la suerte regresara con cada nueva luna. Como si viviéramos en la repetición indefinida de los mejores momentos del pasado. La tragedia proyecta sobre las primeras veces la sombra de la ausencia. Ya no son más que el reverso oscuro de lo que fueron en otro tiempo esas primeras veces, ligeras y compartidas. Todo se ha congelado, hasta el verano, como dice Brigitte Giraud: «El calor me parecía frío, como si me hubiera quedado sin sangre en las venas, en todo el cuerpo». Esa cesura de la tragedia le parte la vida en dos. Y descubre entonces que las primeras veces tienen una cara B, como los viejos vinilos. Cada uno de nosotros tiene sin duda «otra cara». Una cara sombría, una existencia en modo menor.

Y cuando vuelven los comienzos exaltados de un nuevo amor no se viven ya con la misma inocencia, pues deben conjugarse con el dolor. Se tejen en un tapiz de emociones contradictorias, en la tensión entre la lealtad al pasado y una nueva fidelidad.

Hubo otras primeras veces que alejaron la sensación de peligro y, más tarde, esa libertad inesperada, aterradora, que me impelía a correr cualquier riesgo. Existió el vértigo de un nuevo amor, pese a la pérdida. El deseo y el duelo entremezclados, todas esas contradicciones, la vida como el tambor de una lavadora. Hubo fidelidad y hubo culpa. Palabras mayores. Llevaba una doble vida, al compás vertiginoso de una canción de los Sparks.

Ese doble fondo, el del trance, confiere a la vida una profundidad teñida de tristeza y de duelo. Pero la luz resplandeciente de la tragedia alumbra nuevas posibilidades, a pesar de los pesares, puede que con más razón. Y el resultado es un milhojas de una primera vez nueva, atormentada, acentuada por su trasfondo trágico. ¿Será su íntima imbricación con el duelo lo que le da esa fuerza singular? Revestido de un dolor inmenso, el encuentro imprevisible es un retorno a la vida. El corazón vuelve a latir en sus más secretos recovecos, donde palpitaba ya la esperanza, imperceptiblemente. El tiempo vuelve a avanzar, se percibe de nuevo su pulsación. El amor es el ardid de la vida para traernos de vuelta.

ELOGIO DE LA VOLUBILIDAD

> ¿Por qué deberíamos mantener la cabeza sobre los hombros?
>
> RALPH WALDO EMERSON,
> *Confianza en uno mismo*

Sí, ¿por qué? ¿Por qué no hacer el loco? En otras palabras, ¿por qué no asumir la contradicción como una expresión del dinamismo de la existencia? ¿Por qué no aceptar contradecirse a uno mismo, en lugar de emperrarse en ser fiel a una identidad marchita? Hace falta valor para desprenderse de la concepción moral dominante, que nos determina con la fuerza de un destino. «No nos inclinemos», nos recomienda el filósofo norteamericano Ralph Waldo Emerson en su ensayo *Confianza en uno mismo*. A fuerza de llevar siempre el mismo uniforme, «nuestro rostro y figura adoptan un estilo determinado». Somos demasiado permeables, demasiado maleables. Deberíamos ser capaces de resistirnos al magnetismo de las expectativas y a las autoridades de cualquier clase. Nuestro único centro de gravedad debería encontrarse en «nuestra personalidad», en esa parte singular de nosotros mismos que no se puede tomar prestada. «Haz tu obra y te afirmarás a ti mismo.»

Emerson insiste en la necesidad del desapego, que concibe como un alivio. Cambiar de opinión, romper con las propias ataduras, es también admitir con lucidez que las manteníamos artificialmente, por pereza o por costumbre. Ya no nos reconocemos en nuestros entusiasmos juveniles. Esas viejas amistades, esas convicciones políticas o religiosas, esa forma de vivir, de pensar o de escribir han perdido su vitalidad: la postura de otro tiempo se ha convertido en una pose. La sinceridad exige esta clase de renuncias. Para Emerson, «procurar traer el pasado al juicio de los mil ojos del presente» es un ejercicio higiénico indispensable.

Su credo es una incitación a la inconstancia: «Vivir siempre en un nuevo día». No encerrarse en una identidad vacía, reñida con la persona en que nos hemos convertido. Aceptar el devenir como principio de la existencia y asumir los cortes, las rupturas. El trazado de nuestras vidas no es uniforme: «Los mejores barcos navegan en un zigzag que es el producto de cientos de bordadas». No somos satélites cuyas órbitas puedan calcularse de antemano. De hecho, es preciso sortear también las expectativas, incluidas las propias, y saber renunciar «a todo retorno y todo equívoco». Esta apología de la inconstancia se hace en nombre de una verdad singular, en movimiento, y de la necesaria renovación del yo. Debemos permitirnos la deriva y la contradicción, librarnos de ese «absurdo prurito de coherencia», de esa ansiedad que «nos aleja de nuestra confianza». Debemos ser imprevisibles e inflexibles a un tiempo, vivir conforme a «percepciones nuevas», sin memoria, «de un modo nuevo y sin precedentes». «Todo hombre nuevo –añade Emerson– necesita vidas, espacios y tiempos infinitos para cumplir plenamente sus designios.» ¿Cuáles son todas esas vidas que necesitamos?

VITA NOVA

Volver a empezar, volver a vivir, ser otro,
esa fue la gran tentación de mi existencia.

ROMAIN GARY,
Vie et mort d'Émile Ajar

En su elogio del apóstata (*Éloge de l'apostat :
essai sur la* vita nova), Jean-Pierre Martin se plantea,
en la estela de figuras literarias como Roland Barthes, Romain Gary o F. Scott Fitzgerald, la «posibilidad de vivir varias vidas», ya sean estas el
producto de virajes imprevistos, cataclismos o
medias vueltas. La palabra griega *apostátēs* aludía
originariamente al traidor, al desertor. El apóstata
es el renegado. El hombre que reniega de su fe, de
sus valores y sus compromisos, el que traiciona
y luego desaparece. Para Martin, no obstante, la
apostasía consiste ante todo en reinventarse y «re-
belarse contra el cautiverio del pasado». Remitién-
dose a la máxima de Emerson de «vivir siempre en
un nuevo día», Martin examina las vidas hechas de
puentes dinamitados y nuevos comienzos, y subraya la audacia de quien «interrumpe una vieja leal-

tad» y, de paso, se interrumpe a sí mismo. La fuerza de los verdaderos comienzos reside en esa interrupción vivida por el sujeto en el centro mismo de su identidad, que atañe a su fragilidad esencial. Martin sigue los rastros «de las vidas de quienes quemaron las naves, de los seres sin identidad definida, sin columna vertebral a veces: esos yos heterogéneos, que se descomponen y recomponen alternativamente». Se centra en el ser en tránsito, en sus transformaciones dinámicas o caóticas. «Somos seres cambiantes y metamórficos, no soldaditos de plomo», afirma. Y, más profundamente aún, identifica lo que llama la «pulsión de la *vita nova*», la necesidad de convertirse en otro. La búsqueda del placer de encontrarse «fuera de uno mismo, en otra piel, en otra lengua» es para algunos como una segunda naturaleza, poco menos que una droga. ¿Y quién mejor que Romain Gary para trasladar a su obra esa necesidad de *vita nova*? En *Vie et mort d'Émile Ajar*, Gary describe así su ansia de fuga: «Volver a empezar, volver a vivir, ser otro: esa fue la gran tentación de mi existencia». Esa *vita nova* es a la vez un riesgo y un lujo:

> Oportunidad sin precedentes, plasticidad, la vida se bifurca –señala Marin–. Se pueden improvisar nuevas existencias. Pongámosle nombre a esa sorpresa: la *vita nova*.

La propuesta tiene su atractivo, por descontado: largar amarras y borrar el propio historial, sin rendir cuentas a nadie. Eclipsarse sin más explicaciones, sin mediar disculpa. Desaparecer y reinventarse en la otra punta del mundo o a la vuelta de la esquina. Cambiar de nombre, de estilo de vida. Soñarse indio o poeta, hacer de la vida un delirio personal. ¿Quién no ha reescrito alguna vez su propia historia, recorriendo mentalmente los desvíos por los que no enfiló? Esas decisiones que no nos atrevimos a tomar, por prudencia o por cobardía, son las que otros afrontan, jugándose el todo por el todo. Ese es el precio de una vida nueva, de abordar la realidad desde otra perspectiva. El de apostar por la exaltación y la incertidumbre, y lanzarse de cabeza a una corriente de vida «más fluida, más incontrolable, más marginal, más intempestiva, más apasionante también, y más inesperada». El amor, una vez más, nos arroja a esas aguas torrenciales y nos despierta a nuestra verdadera naturaleza.

A veces basta con muy poco para que salte la chispa de un nuevo comienzo. Y hay periodos que invitan a poner los contadores a cero. En un ejercicio que tal vez revele cierta nostalgia de la vuelta al colegio y la ropa nueva del primer día de curso, el psicoanalista J.-B. Pontalis se entrega a ocupaciones que podrían parecer fútiles: ordenar su escritorio y renovar su vestuario. No es el primero en subrayar la importancia de los detalles menores: Spinoza ya aconsejaba rodearnos de aquello que nos agrada y aumenta nuestra capacidad de actuar. Plantas, música, ropa bonita, perfume, lo que sea. ¿Son esas las preocupaciones de un filósofo? Sí, porque no somos meros espíritus indiferentes, sino seres afectados por nuestro entorno, y llevamos las huellas de los acontecimientos que nos entristecen o nos exaltan. No hay virtud en privarse de los placeres sencillos que acentúan la sensación de existir y la sostienen discretamente. Esos placeres participan en nuestro afán de perseverar en la existencia. La alegría no es siempre espectacular: se encuentra también en las cosas pequeñas, en el temblor de un brote verde o en un rayo de sol que desafía al invierno. Necesitamos soplos de aire fresco, sensaciones primaverales. ¿Cómo despertar ese nuevo apetito de ser? Pontalis confiesa su ritual de regreso de las vacaciones: recurrir al poder de las cosas para renovarse, para que aparezcan las líneas claras del orden en la confusión que se había instalado imperceptiblemente:

> Cada año el ritual es el mismo: primero pongo orden, es imperativo despejar mi mesa de trabajo de todo objeto innecesario. [...] También me entran unas ganas terribles de comprarme ropa nueva, como si quisiera cambiar de imagen y librarme del

peso del pasado –no tanto del pasado como de una memoria muerta–, como si tuviera la esperanza absurda de encontrarme en el comienzo o en un nuevo comienzo de mi vida.

Borrar las huellas de una cotidianidad que se acumula como una capa de polvo y deslustra las cosas hasta el punto de ocultarlas por completo. Al ordenarlas, esas cosas reaparecen, dotadas de un nuevo brillo. Retirar lo que obstruye, lo que oculta. Y darse de paso un nuevo aire, redefinir las propias líneas. Girar sobre uno mismo, solo un poco, discretamente, e inaugurar la nueva temporada con una alegre transformación: «cambiar de imagen». Mudar de piel, deshacerse de las viejas envolturas. Esta ceremonia pagana de la renovación expresa un ansia de aligeramiento y regeneración. Nos desprendemos de los sedimentos de la memoria para despejar el camino a un nuevo impulso creativo. Ponemos orden en nuestro interior. Porque «el desorden ya ha durado demasiado», añade Pontalis, en un guiño a Perec.

LOS RECIÉN LLEGADOS

También somos responsables de los comienzos que alentamos. En *Les Grandissants*, un ensayo sobre la «edad decisiva e incisiva» de la adolescencia, la filósofa Marion Muller-Colard replantea nuestra relación con quienes están creciendo. Ayudar a las personas a crecer pasa por aceptar sus comienzos y fomentar esa separación que nos condena a la añoranza. Debemos instigar esos comienzos, pues, y dejar que el adolescente «se labre un camino que lo aleja» de nosotros. Ese alejamiento adopta la forma de un repliegue, una confrontación indispensable para el «espesamiento» del yo. En su encuentro consigo mismo, el adolescente se desprende de la piel tierna de la infancia y construye el «armazón [de su] fuero interno». Nos corresponde a nosotros animarlos a hacerse a la mar, debemos «elogiar una partida que nos llevará al límite» y aprender a disfrutar de su insolencia, señal de la indispensable subversión del modelo. Nos esforzamos en acelerar su partida, pese a las angustias y las amenazas, pese a la tentación de ponerlos a salvo. Los dejamos marchar para brindarles «la posibilidad de devenir», «la oportunidad de la metamorfosis», asumiendo de entrada «el desmantelamiento de todas las lealtades». Solo así, permaneciendo en un segundo plano, podremos acompañarlos en su evolución. Solo así posibilitaremos la aparición de la diferencia, propiciando una iniciación en el mundo que puede ser muy dura. Los dejamos tirados, pues, y lo hacemos a sabiendas, desgarrándonos por dentro a veces, para que puedan enfrentarse a su joven soledad. Así aprenderán a resistir, contra viento y marea, y a cuidar de sí mismos. La adolescencia es esa «primera encrucijada de nuestra vida en la que no abandonar resulta deletéreo». Es el momento en que se afirma nuestra particular perspectiva del mundo: «somos el caleidoscopio de la vida, que es otra, y al mismo tiempo, nada más que nosotros mismos». Con una cita de *Retreating Light*, de la poetisa Louise Glück, Marion Muller-Colard nos recuerda por último que, de este modo, les procuramos además a nuestros hijos en crecimiento «una gran efervescencia», «como la que hay en todos los comienzos».

162

UN MUNDO DE POSIBILIDADES

> Se puede esperar lo inesperado.
>
> HANNAH ARENDT,
> *¿Qué es la política?*

También hay comienzos trágicos que vivimos de forma colectiva. Por un efecto de perspectiva y paralaje, en Occidente tendemos a pensar que estamos entrando en una era de catástrofes. Los atentados, la guerra, la pandemia... Conservamos aún el recuerdo de aquellos momentos, de aquel tiempo en suspenso, de esa respiración contenida ante lo impensable: el mundo desierto, las calles vacías, la gente dando vueltas y más vueltas en espacios cerrados, los calendarios absurdos, la mala memoria. Las referencias temporales que nos han quedado de estos últimos años están desordenadas. Y por lo que hace al futuro, casi ni osamos proyectarnos en él: el desastre ecológico, la extinción masiva de especies, el cambio climático, la crisis económica... Todo un panorama catastrófico desfila ante nosotros a cámara rápida. Una sensación de anomalía se infiltra en cada parcela de la realidad, en cada gesto. La inquietud ha sobrepasado con creces sus antiguos límites. La náusea ya no responde al materialismo que domina el mundo, sino a su destrucción y a la quiebra de instituciones indispensables como la educación, la sanidad o la justicia. El malestar crece también a causa de nuestra creciente sumisión a las máquinas y la pasividad generalizada frente a las lógicas económicas y algorítmicas, a la invasión y devoración de las cosas y a las infinitas distracciones que sepultan cualquier atisbo de reflexión. Nos encontramos cautivos, cautivados por una multiplicidad de imágenes, de hechos carentes de sentido y objetos sin historia. Y, como es lógico, somos presa del desaliento al pensar en la magnitud del cambio necesario para arreglar las cosas.

¿Cabe esperar un cambio de mentalidad? Dada la urgencia del cambio, ¿es posible creer aún en otras posibilidades? En cualquier caso, ya no podemos contar con la virtud creativa del miedo. En *¿Qué es la política?*, Hannah Arendt consideraba el mundo en unos términos que hoy nos suenan muy contemporáneos. En el callejón sin salida en el que nos encontramos, decía, ya solo podemos creer en los milagros. El sentido del «milagro» en la esfera política va ligado a una dimensión esencial del ser humano: su capacidad para comenzar. Hannah

Arendt definía el hombre como un iniciador, un ser capaz «de empezar algo nuevo, de tomar la iniciativa». En el horizonte del nacimiento, es decir, de la renovación generacional, sí cabe esperar un milagro: la interrupción de un proceso y la activación de otro, un nuevo comienzo impulsado por la conducta humana. La fuerza de un comienzo está en su potencia explosiva para romper o alterar el curso de las cosas. Etimológicamente, el milagro es lo que surge de pronto y produce asombro. Lo que no podíamos concebir, lo inimaginable. Esta aparición de lo imprevisible es característica de la historia humana, en su locura o su grandeza:

> El hecho de que el hombre sea capaz de actuar significa que de él se puede esperar lo inesperado, que está en condiciones de realizar lo infinitamente improbable.

Pero, ¿existe todavía algún ámbito lo bastante abierto para dar cabida a lo inesperado, a lo imprevisible? A día de hoy, nos encontramos paralizados por las amenazas que se ciernen sobre nosotros. Hemos estrechado tanto el círculo de lo posible que tal vez hayamos arruinado el derecho de los recién llegados a gozar de un mundo que perdure tras su paso. Según la filósofa, los hemos despojado de su «espontaneidad», de su capacidad y su derecho a empezar algo nuevo. Con todo, y aunque el futuro sea cada vez más «determinado y previsible», sometido como está a las tiranías políticas y a la emergencia climática, la acción sigue siendo el motor humano esencial. «Debido a que son *initium*, recién llegados y principiantes en virtud de su nacimiento, los hombres toman la iniciativa, se aprestan a la acción. [...] El hombre es principio de comienzo», afirma Hannah Arendt en *La condición humana*.

El deseo de acción, de comienzo, está en nuestra naturaleza. Y precisamos de ese impulso –aunque proceda de un estrato inferior a nuestra voluntad– para tener el valor de vivir o revivir. En la medida de nuestras posibilidades, debemos luchar contra la desidia para conservar nuestra dignidad. Mientras el ser tiene fuerza, algo en nuestro interior se turba y se revela. ¿Qué sentido tendría una vida resignada a la destrucción? No podemos concebir nuestro lugar en la existencia sin el nacimiento, que es a la vez filiación y ruptura, que hilvana la continuidad y lo inesperado. Hasta en la desesperación, en un arrebato, el hombre vislumbra otras posibilidades. Así es como lo irracional alimenta a veces los hallazgos imprevisibles de la razón, las transformaciones inesperadas. A la postre, no nos queda más remedio que creer en la preservación de un mundo de posibilidades y trabajar para conseguirlo.

VIVIR EN LA CONTRADICCIÓN: ESPERANZA Y LUCIDEZ

> Un hombre no se recupera de tales sacudidas, se convierte en una persona distinta y, con el tiempo, esta nueva persona encuentra cosas nuevas de las que ocuparse.
>
> F. SCOTT FITZGERALD,
> *El crack-up*

Somos esa curiosa especie que comienza su existencia con la certidumbre del fin que le espera. Nos esforzamos por aprender lo que sin duda olvidaremos, amamos a quienes desaparecerán, cuidamos de los que se desvanecen. Somos criaturas resistentes. Esa contradicción esencial –comenzar o recomenzar lo que por fuerza llegará a su fin– se verifica a cada instante. La pulsación de los comienzos nos da aliento y nos permite soportar las mayores sacudidas. Aunque esas sacudidas nos transformen radicalmente, como dice F. Scott Fitzgerald; uno no se recupera, nos advierte: se deja ahí la piel. Se convierte en otra persona, deja de ser ese bloque compacto de emociones e impulsos. Y, aun así, pese a las grietas y las fragilidades, seguimos encontrándoles un sentido a los comienzos.

Construimos sobre las ruinas de lo que se derrumbó. Por eso Fitzgerald podía escribir sobre la causa de su parálisis, sobre su incapacidad de escribir. Más que rellenar, lo que hacemos es cavar. Nos las componemos con los accidentes, con los golpes encajados. Nos habituamos a nuestra nueva cara, un poco maltrecha. Y seguimos cavando, sin renunciar a la idea de salir del agujero.

«Toda vida es un proceso de demolición», como dice Fitzgerald en *El crack-up*, una cita célebre y comentada de sobra. En el mismo libro, define la inteligencia como una tensión interna, como «la capacidad para retener en la mente dos ideas opuestas al mismo tiempo y seguir conservando la capacidad de funcionar». Y su conclusión está en perfecta consonancia con nuestras preocupaciones actuales: «Uno debería, por ejemplo, ser capaz de ver que las cosas son irremediables y, sin embargo, estar decidido a hacer que sean de otro modo». Así, es posible comprender la colosal amenaza que se cierne sobre nosotros y, pese a todo, optar por proteger y modificar lo que esté en nuestra mano. Aunque el gesto parezca irrisorio, confiere un sentido a lo que hacemos y da fe de lo que defendemos. Avanzamos, pues, como funámbulos, inseguros pero convencidos. La existencia es esa balanza mal calibrada en la que es preciso «mantener en equilibrio el sentido de la inutilidad del esfuerzo y el sentido de la necesidad de luchar; la convicción de la inevitabilidad del fracaso y la decisión de "triunfar"».

Si no podemos curar, al menos cuidemos. Esa es la relectura de Fitzgerald que nos propone el médico y filósofo Georges Canguilhem. En el acto de cuidar volvemos a toparnos con la «contradicción entre la esperanza de un día y el fracaso final». Aferrarse a una esperanza fugaz no tiene por qué ser una ingenuidad. ¿Acaso nuestros actos más fundamentales no llevan el sello de esa resistencia a la desesperación?

La alegría también es posible en la conciencia de la tragedia, ya sea esta personal o histórica. Y no es una alegría indecente. Al contrario, es aún más necesaria cuando las fragilidades se multiplican y los peligros acechan por todas partes. La levedad puede pensarse como lucidez. Esa es la paradójica apuesta de la filosofía de Clément Rosset. Podemos sentir la «dicha embriagadora» de vivir, «la alegría casi milagrosa de existir», sin necesidad de ocultar la realidad tras un velo de ilusiones reconfortantes.

¿Cómo atreverse a afirmar esa alegría en los tiempos tormentosos que corren? A veces el júbilo es, según Rosset, el «resultado de la superación de una melancolía». No podemos concebir la alegría real sin pasar por nuestros trances y estancarnos a veces en ellos. Hay que aprender a vivir con el lado trágico de la realidad. Nuestra capacidad para asumirlo es de hecho «la piedra de toque de la salud moral y del júbilo». Puede que exista una predisposición particular a esta obstinación en la alegría, pero esa perseverancia se nutre también de una atención a la realidad, agudizada por la catástrofe. No hay vida sin sus tormentas y no podemos esperar contemplarlas siempre desde la orilla, lejos de la vorágine. Pero la tierra firme también se aprecia cuando las corrientes de la existencia nos devuelven a ella.

NO SER SINO UN COMIENZO

¿Estamos destinados a no ser sino un
comienzo de la verdad?

RENÉ CHAR,
Furor y misterio

Al principio, comenzamos sin darnos cuenta,
en la despreocupación de una vida todavía nebulosa. Comenzamos a veces de puntillas, penetramos
con sigilo en un nuevo universo, siguiendo los
pasos de otros para apropiarnos de una coreografía
emocional o social. Nos adaptamos al ritmo de las
palabras, al juego de las miradas. Nos iniciamos sin
ser muy conscientes de ello, interiorizando roles,
asimilando discretamente todo un repertorio de
gestos y posturas que acaban resultándonos tan
familiares que se nos olvida que tuvimos que apren-
derlos.

Con el tiempo, perdemos la elasticidad inicial
que nos permitía colarnos por los intersticios de
los mundos más diversos, captar las señales al vuelo
y servirnos de ellas.

Algunos comienzos son saltarines, reacciones

fulminantes a pistoletazos de salida. Otros son laboriosos y parecen interminables: construimos con paciencia el castillo de naipes, recogemos las ramitas soñando con su incandescencia. Puede que nos cansemos, que nos desanimemos. Pero siempre, casi a pesar nuestro, hasta en el ojo del huracán, seguimos esperando la claridad del amanecer, la nueva luz de un nuevo comienzo. Sabemos que las noches acaban por clarear y queremos creer que, en esta tierra movediza por la que andamos, no tardaremos mucho en regocijarnos de futuras cosechas. Esa perseverancia insensata, ingenua, amén de lúcida, es subversiva. Espanta la desesperación y alimenta futuros nacimientos. Nos libra de la oscuridad.

A cualquier edad podemos renovarnos y dejarnos llevar por ardores que creíamos extintos, con una alegría casi absurda, con una especie de inocencia. Ese entusiasmo infantil, esas vibraciones adolescentes, nos conmueven y también nos nutren. Acompañamos esas primerísimas primeras veces, las alentamos. Y las recordaremos por ellos, que pronto las olvidarán. Sus comienzos nos dan nueva vida. Les tenderemos la mano hasta que aguanten el equilibrio y, llegada la hora, los dejaremos marchar. Entretanto, ellos aprenden y nos sorprenden.

Podemos congratularnos de no ser sino un comienzo, un principio. De crear lo inconcluso, de abrir. De ejercer el bello oficio de iniciar. De sembrar, de impulsar y dejarlo todo en suspenso, abierto a nuevas interpretaciones. Y de observar con emoción el imperceptible temblor de otros comienzos.

REFERENCIAS BIBLIOGRÁFICAS[1]

AMIGORENA, Santiago H., *Les premières fois*, París, POL, 2010, pp. 570, 579-580.

ANDERS, Günther, *Journaux de l'exil et du retour*, trad. del alemán de Isabelle Kalinowski, Lyon, Fage, 2012, pp. 28-29, 31.

ANSERMET, François, *Clinique de l'origine*, Nantes, Cécile Défaut, 2012, pp. 18, 83-84.

ANZIEU, Didier, *Le Corps de l'œuvre. Essais psychanalytiques sur le travail créateur*, París, Gallimard, 1981, p. 143. [Versión española: *El cuerpo de la obra: ensayos psicoanalíticos sobre el trabajo creador*, trad. de Antoni Marquet, Madrid, Siglo XXI, 1993.]

---

1. Se ofrece a continuación el listado completo de las obras mencionadas en el texto general, incluyendo la referencia a las páginas del francés en donde aparecen las respectivas citas, así como el detalle de las versiones españolas que existen publicadas. *(N. del T.)*

Arendt, Hannah, *Condition de l'homme moderne*, trad.
del inglés de Georges Fradier, París, Calmann-Lévy,
1994; reed. Pocket, «Agora», 1997, pp. 68-71. [Ver-
sión española: *La condición humana*, trad. de Ramón
Gil Novales, Barcelona, Paidós Ibérica, 2016.]
—, *Qu'est-ce que la politique?*, trad. del alemán de
Carole Widmaier y Muriel Frantz-Widmaier, y del
inglés de Sylvie Taussig y Cécile Nail, París, Seuil,
2014; reed. «Points essais», 2016, pp. 233-234.
[Versión española: *¿Qué es la política?*, trad. de Rosa
Sala Carbó, Barcelona, Paidós Ibérica, 2019.]
Bachelard, Gaston, *La Formation de l'esprit scienti-
fique*, París, Vrin, 1938; reed. 2000. [Versión española: *La formación del espíritu científico*, trad. de
José Babini, Madrid, Siglo XXI, 1993.]
—, *L'Intuition de l'instant*, París, Vrin, 1932; reed. 1960,
pp. 13-14; 2006, pp. 17-18, 23-24, 106, 109.
[Versión española: *La intuición del instante*, trad.
de Jorge Ferreiro, México, Fondo de Cultura Económica, 1999.]
Barthes, Roland, *Fragments d'un discours amoureux*,
en Œuvres complètes, París, Seuil, vol. V, 1977-
1983, pp. 125-126. [Versión española: *Fragmentos
de un discurso amoroso*, trad. de Eduardo Lucio
Molina y Vedia, México, Siglo XXI, 2021.]
—, *Leçon*, París, Seuil, 1978, p. 45. [Versión española:
Lección, en *El placer del texto y lección inaugural*,
trad. de Nicolás Rosa, Madrid, Siglo XXI, 2007.]

Bergson, Henri, «Introduction à la métaphysique», en *La Pensée et le mouvant* (1934), París, PUF, «Quadrige», 2013, pp. 175, 183-85, 209. [Versión española: *El pensamiento y lo moviente*, trad. de Heliodoro García García, Barcelona, Espasa, 1976.]

—, *L'Évolution créatrice* (1907), París, PUF, «Quadrige», 2013, p. 304-305. [Versión española: *La evolución creadora*, trad. de María Luisa Pérez Torres, Barcelona, Planeta-Agostini, 1985.]

—, *L'Intuition philosophique* (1911), París, PUF, «Quadrige», 2011, p. 123. [Versión española: *La intuición filosófica*, en *Obras escogidas*, trad. de José Antonio Míguez, Madrid, Aguilar, 1963.]

—, *Les deux sources de la morale et de la religion* (1932), París, PUF, «Quadrige», 2013, p. 16. [Versión española: *Las dos fuentes de la moral y la religión*, trad. de Jaime de Salas Ortueta y José María Atencia Páez, Madrid, Tecnos, 1996.]

Blanchot, Maurice, *L'Attente l'oubli*, París, Gallimard, 1962; reed. «L'Imaginaire», 2000, pp. 100-101. [Versión española: *La espera el olvido*, trad. de Isidro Herrera, Madrid, Arena, 2004.]

Calvino, Italo, *Palomar*, trad. del italiano de Jean-Paul Manganaro, París, Seuil, «Points», 1986. [Versión española: *Palomar*, trad. de Aurora Bernárdez, Madrid, Siruela, 2023.]

—, *Si par un jour d'hiver un voyageur*, trad. del italiano de Danièle Sallenave y François Wahl, París, Seuil, 1981;

reed. «Points», 1995, pp. 8-10, 13, 51, 144, 168. [Versión española: *Si una noche de invierno un viajero*, trad. de Esther Benítez, Madrid, Siruela, 2023.]

CANGUILHEM, Georges, *Le Normal et le pathologique*, París, PUF, «Quadrige», 2013. [Versión española: *Lo normal y lo patológico*, trad. de Ricardo Potschart, Buenos Aires, Siglo XXI Argentina, 1971.]

—, «Une pédagogie de la guérison est-elle possible ?», en *Écrits sur la médecine*, París, Seuil, «Champ freudien», 2002, p. 99. [Versión española: *Escritos sobre la medicina*, trad. de Irene Agoff, Madrid, Amorrortu, 2004.]

CARRÈRE, Emmanuel, *Yoga*, París, POL, 2020, p. 11. [Versión española: *Yoga*, trad. de Jaime Zulaika, Barcelona, Anagrama, 2021.]

CHAR, René, *Fureur et mystère*, París, Gallimard, 1948; reed. «Poésie/Gallimard», 1967, p. 186. [Versión española: *Furor y misterio*, trad. de Jorge Riechmann, Madrid, Visor, 2002.]

DARWISH, Mahmoud, *La Terre nous est étroite et autres poèmes*, trad. del árabe de Élias Sanbar, París, Gallimard, «Poésie/Gallimard», 2000. [Versión española del poema «No deseo del amor sino el comienzo» en Mahmud Darwish, *Once astros*, trad. de María Luisa Prieto González, Madrid, AECI, 2000.]

DELEUZE, Gilles, *Différence et répétition*, París, PUF, 1969; reed. «Épiméthée», 2011, pp. 182, 215.

[Versión española: *Diferencia y repetición*, trad. de María Silvia Delpy y Hugo Beccacece, Buenos Aires, Amorrortu, 2002.]

—, *Pourparlers*, París, Minuit, 1990, p. 219. [Versión española: *Conversaciones (1972-1990)*, trad. de José Luis Pardo, Valencia, Pre-Textos, 1996.]

DELEUZE, Gilles, y GUATTARI, Félix, *Mille plateaux. Capitalisme et schizophrénie 2*, París, Minuit, 1980. [Versión española: *Mil mesetas. Capitalismo y esquizofrenia*, trad. de José Vázquez Pérez, Valencia, Pre-Textos, 2022.]

DELEUZE, Gilles, y PARNET, Claire, *Dialogues*, París, Flammarion, 1977. [Versión española: *Diálogos*, trad. de José Vázquez Pérez, Valencia, Pre-Textos, 1980.]

EMERSON, Ralph Waldo, *Compter sur soi*, trad. del inglés de Stéphane Thomas, París, Allia, 2018, pp. 23, 26, 58. [Versión española: *Confianza en uno mismo*, trad. de Pedro Tena, Madrid, Gadir, 2022.]

ERNAUX, Annie, *Le Jeune Homme*, París, Gallimard, 2022, pp. 15, 22-27, 31. [Versión española: *El hombre joven*, trad. de Lydia Vázquez Jiménez, Madrid, Cabaret Voltaire, 2022.]

FERCAK, Claire, *Ce qui est nommé reste en vie*, París, Gallimard, «Verticales», 2020, pp. 50-51, 56-57, 149-151.

FITZGERALD, F. Scott, *La Fêlure*, trad. del inglés de Marc Chénetier, París, Gallimard, 1963; reed. «Folio»,

2014, pp. 476, 487, 498. [Versión española: *El crack-up*, trad. de Mariano Antolín Rato, Barcelona, Anagrama, 1991.]

GARCIA, Tristan, *La Vie intense. Une obsession moderne*, París, Autrement, «Les Grands Mots», 2016, pp. 8-9, 12. [Versión española: *La vida intensa. Una obsesión moderna*, trad. de Antoni Martínez Riu, Barcelona, Herder, 2019.]

GARY, Romain, *La Promesse de l'aube*, París, Gallimard, 1960; «Folio», 1992, pp. 38-39. [Versión española: *La promesa del alba*, trad. de Noemí Sobregués, Barcelona, DeBolsillo, 2008.]

—, *Vie et mort d'Émile Ajar*, París, Gallimard, 1981, p. 29.

GIRAUD, Brigitte, *Vivre vite*, París, Flammarion, 2022, pp. 32, 128, 193, 197, 202, 204. [Versión española: *Vivir deprisa*, trad. de María Teresa Gallego Urrutia, Huesca, Contraseña, 2023.]

HERÁCLITO DE ÉFESO, *Fragments*, París, Belin, 1960, fragmento 6. [Versión española: Parménides y Heráclito de Éfeso, *Fragmentos*, trad. de Luis Farré, Barcelona, Folio, 2002.]

HUME, David, *Traité de la nature humaine*, vol. I, *L'Entendement*, trad. del inglés de Philippe Baranger y Philippe Saltel, París, GF-Flammarion, 1995, pp. 342-343. [Versión española: *Tratado de la naturaleza humana*, trad. de Félix Duque, Madrid, Tecnos, 2005.]

JANKÉLÉVITCH, Vladimir, *Le Je-ne-sais-quoi et le presque-rien*, vol. 1, *La Manière et l'occasion*, París, Seuil, 1980; reed. «Points essais», 1981, p. 33.

JANKÉLÉVITCH, Vladimir, y BERLOWITZ, Béatrice, *Quelque part dans l'inachevé*, París, Gallimard, 1978; reed. «Folio essais», 2020, pp. 33-34, 109-110, 138, 173.

MARTIN, Jean-Pierre, *Éloge de l'apostat. Essai sur la* vita nova, París, Seuil, «Fiction & Cie», 2010, pp. 11-20, 155, 158, 163, 199-200, 211.

MATHIEU, Nicolas, post de Instagram del 10 de octubre de 2022, reproducción por cortesía del autor.

MERLEAU-PONTY, Maurice, *Phénoménologie de la perception*, París, Gallimard, 1945; reed. «Tel», 1976, p. 436. [Versión española: *Fenomenología de la percepción*, trad. de Jem Cabanes, Barcelona, Altaya, 1999.]

—, *Psychologie et pédagogie de l'enfant. Cours de Sorbonne 1949-1952*, Lagrasse, Verdier, pp. 14, 15, 19, 564-566.

MULLER-COLARD, Marion, *Les Grandissants*, Ginebra, Labor et Fides, 2021, pp. 21, 25, 27-28, 30-31, 35, 65, 79.

PEREC, Georges, *Je suis né*, París, Seuil, «La Librairie du XXe siècle», 1990, pp. 9-11, 14, 73. [Versión española: *Nací*, trad. de Diego Guerrero, Barcelona, Anagrama, 2022.]

—, *La Vie mode d'emploi*, París, Hachette, 1978; reed. LGF, «Le Livre de Poche», 1980. [Versión españo-

la: *La vida instrucciones de uso*, trad. de Josep Escué,
Barcelona, Anagrama, 2023.]

—, *Penser/Classer*, París, Hachette, 1985; reed. Seuil,
«Points», 2003, p. 62. [Versión española: *Pensar/
clasificar*, trad. de Carlos Gardini, Barcelona, Gedisa, 2017.]

—, «Quatre figures pour *La Vie mode d'emploi*», *L'Arc*,
76 (1980), p. 8, nota.

PESSOA, Fernando, *Le Livre de l'intranquillité*, vol. 3,
trad. del portugués de Françoise Laye, París, Chris-
tian Bourgois, 1992, pp. 64, 75. [Versión española: *Libro del desasosiego*, trad. de Ángel Crespo,
Barcelona, Seix Barral, 1984.]

PONTALIS, J.-B., *L'Amour des commencements*, en
Œuvres littéraires, París, Gallimard, «Quarto», 2015,
p. 181. [Versión española: *El amor a los comienzos*,
trad. de Stella Abreu, Barcelona, Gedisa, 1988.]

—, *Traversée des ombres*, París, Gallimard, 2003; reed.
«Folio», 2005, p. 167.

POTTE-BONNEVILLE, Mathieu, *Recommencer. Notes pour
une reprise*, Lagrasse, Verdier, 2018, pp. 31-32.

RACINE, Jean, *Phèdre* (1677), acto I, escena 3. [Versión
española: *Andrómaca, Fedra*, trad. de Emilio Náñez,
Madrid, Cátedra, 1985.]

RICŒUR, Paul, *Philosophie de la volonté*, vol. I, *Le volontaire et l'involontaire*, París, Aubier, 1993, pp.
407-415. [Versión española: *Lo voluntario y lo involuntario*, vol. I, *El proyecto y la motivación* (intro-

ducción y primera parte de *Le volontaire et l'involontaire*), trad. de J. C. Gorlier, Buenos Aires, Docencia, 1986.]

ROSENTHAL, Olivia, *Un singe à ma fenêtre*, París, Gallimard, «Verticales», 2022, pp. 39, 151.

ROSSET, Clément, *La joie est plus profonde que la tristesse. Entretiens avec Alexandre Lacroix*, París, Stock/ Philosophie Magazine Éditeur, 2019, pp. 35, 43, 116-117.

—, *Le Réel et son double. Essai sur l'illusion*, París, Gallimard, 1976; reed. «Folio essais», 1993, pp. 43, 62-63. [Versión española: *Lo real y su doble*, trad. de Enrique Lynch, Barcelona, Tusquets, 1993.]

SARTRE, Jean-Paul, *L'Être et le néant. Essai d'ontologie phénoménologique*, París, Gallimard, 1943; reed. «Tel», 1993, pp. 78-79. [Versión española: *El ser y la nada. Ensayo de ontología fenomenológica*, trad. de Juan Valmar, Buenos Aires, Losada, 2005.]

SPINOZA, Baruch, *Éthique*, París, GF-Flammarion, 1992, p. 263. [Versión española: *Ética demostrada según el orden geométrico*, trad. de Atilio Domínguez, Madrid, Guillermo Escolar, 2019.]

TOUSSAINT, Jean-Philippe, *L'Urgence et la patience*, París, Minuit, 2021, pp. 9-12, 28, 30, 34-35, 40, 45, 79.

VALÉRY, Paul, *Mauvaises Pensées*, París, Rivages Poche, 2016, p. 202. [Versión española: *Malos pensamientos & otros*, trad. de Malika Embarek López, Madrid, Abada, 2021.]

WINNICOTT, D. W., *Jeu et réalité. L'espace potentiel,* trad. del inglés de Claude Monod y Jean-Bertrand Pontalis, París, Gallimard, «Connaissance de l'inconscient», 1975; reed. «Folio essais», 2002, p. 104. [Versión española: *Realidad y juego,* trad. de Floreal Mazía, Barcelona, Gedisa, 1982.]

ÍNDICE

Impreso en
Especialidades Gráficas Editoriales, S. A.,
calle de Roís de Corella, 12
08205 Sabadell